相場流チャートの掟100

相場師朗

宝島社

はじめに

みなさん、こんにちは。２０２３年で株式投資歴41年の株職人・相場師朗です。

私がこれまで頻繁に売買してきた株の一つに、**海運会社の日本郵船**があります。この銘柄は２０１９年１月の始値５５０円から２０２２年３月高値４１６３円まで、３年３カ月で約8倍に値上がりしました。しかし私は日本郵船の株価が8倍になるよりもっと前から、この株を買ったり、カラ売りしたりして、累計**20億円以上の利益**を上げています。当然ですが、株価が8倍になるまでの急騰局面も、適切なタイミングで適切な売り買いをすることにより、単に長期保有する以上の利益を取りました。

最近の日本郵船のように、保有しているだけで株価が5倍、10倍に値上がりする〝お宝株〟を探すのは至難の業です。しかし、どんな株も日々上がったり下がったりを繰り返しています。株価が上昇しそうなときに株を買い、下落しそうになったらいったん利益確定。

その後、すかさずカラ売りに転じる。株価が下げ止まって上昇に転じそうになったら、カラ売りした株を買い戻して利益を確保し、再び買いで入るチャンスを狙う。

株式投資で必要なのは、宝くじに当たるような〝確率の低い運〟や遠い未来を予測できるような〝予知能力〟ではありません。

重要なのは「**値動き**」です。株価の値動きに合わせて、安く買ったものを高く売り、高く売ったものを安く買い戻すための〝技術〟なのです。

この真実に気がつくことができれば、宝くじや万馬券を当てるより簡単に、会社での出世や事業の成功よりもシンプルに、巨万の富を築き上げることも夢ではありません。

古文の教科書風にいえば、「ゆく株の値動きはたえずして――久しくとどまりたるためしなし」。値動きがある限り、チャンスは訪れます。要はその**チャンスに気づけるか、気づけないか**でしかないのです。

私が主宰する会員数3500人超の投資塾「株塾」からは、年間1000万円以上を稼ぐ愛弟子たちが続々と誕生しています。

アジア圏最大規模の〝株の道場〟で私が教えているのは、過去の値動きを記録した株価チャートを読み解く技術のみ。難しい経済理論や企業の業績分析、ややこしい世界経済の理解などはまったく必要ありません。

利益の源が株価の値動きにしかない以上、株価チャートを使って値動きの原理原則を徹底的に学ぶことが成功への近道なのです。

本書『相場流チャートの掟１００』には相場師朗の〝技〟が詰まっています。相場流トレードの中でも真髄と呼べるものを厳選し、新たな知識も加えました。株で成功するために必要な〝掟〟をこれでもかというほど載せた、相場流の集大成です。

◆

よく初心者の方は「どの銘柄を買えば儲かるの？」とお尋ねになります。実のところ、銘柄はなんでもいいのです。**会社の規模や業績に急激な変化がなく、多くの投資家が買ったり売ったりすることで安定した値動きが日々生まれている大型株**なら、どんな銘柄でも稼げるチャンスはあります。

「株塾」の生徒には、「自分自身の感覚で、この値動きなら理解できる、追いかけられると思えることが大事だ」と教えています。

株式市場で勝つための確かな技術を身につけることができれば、一生お金に困ることはないでしょう。**株式市場を、いつでもお金が引き出し可能なATM代わりにする**ことが相場流株式投資の最終ゴールです。

どうかみなさん、世の中に出回る「爆上がり推奨銘柄」や「テンバガー（株価10倍株）予備軍」といった甘い誘いに乗らないでください。

米国の株価指数S&P500や全世界株式に連動するインデックスファンドに積み立て投資をしていれば一生安泰などという、ハードルが低い目標に満足しないでください。

株式投資の〝神〟は、株価チャートという、誰でも見ることができる、なんの変哲もないグラフの中に宿っています。

本書に記した100の掟が、あなたの株人生にとって生涯の伴侶、一生の友、かけがえのない金脈になることを確信しています。

令和5年5月吉日

「株匠」を目指し、日夜鍛錬する　**相場師朗**

Chart Rule 100

第2章 相場流 ローソク足・移動平均線の掟 41

第3章 相場流 株価トレンド命中の掟

第4章 相場師朗オリジナルのチャートの掟

第5章
相場流 株メンタルの掟

Chart Rule 100

第6章　相場流 株にも人生にも役立つ掟

【本書に掲載されている情報について】
※本書で紹介しているデータや情報は特別な表記がない限り、2023年6月5日現在のものです。本書は資産運用に役立つ情報を掲載していますが、あらゆる意思決定、最終判断は、ご自身の責任において行われますようお願いいたします。ご自身の投資で損害が発生した場合、株式会社宝島社及び著者は一切、責任を負いません。また、本書の内容については正確を期すよう万全の努力を払っていますが、2023年6月5日以降に相場状況が大きく変化した場合、その変化は反映されていません。ご了承ください。

カバーデザイン／渡邊民人（TYPEFACE）
本文デザイン・DTP／小谷中一愛

Chart Rule 100

第1章

一生繰り返し読むべき相場流の掟〈真髄〉

01 投資は心理戦と心得よ

株式投資の利益の源泉は値動きです。では、なぜ株価は動くのでしょうか。よく「株価には業績が反映されている」といわれますが、**すべてが反映されるわけではありません。**

もし株価が業績にぴったり連動しているのであれば、毎年10％の増収増益が続いている企業の株はその年に10％上昇したら、ぴたりと値動きを止めて、もう動かなくなるはずです（極論ではありますが）。にもかかわらず、株が値動きをやめないのはなぜか。

その理由は、株価が「人の心」を映す鏡だから。好業績を続ける企業の株が上がるのは業績がいい会社の株を買って儲けたいという投資家心理が働くからです。

株価と現実の間には、投資家心理という、不透明で歪みを持った鏡が挟みこまれています。今は業績が悪い企業の株でも、「株価が下がってお買い得だから買わなきゃ損だ」と考える投資家が増えれば上がります。逆に業績絶好調の株でも「急激に株価が上がったから、このあたりで1度、利益を確定しておくか」と多くの投資家が売却すれば、株価は自然に下がっていくのです。

人間の期待、楽観、強欲、不安、悲観、恐怖心が株価を動かす直接の要因です。値動きの裏に潜む投資家心理を的確に読めるようになる。すなわち、**心理戦を制するものが株を制す**、といっても過言ではないのです。

02 株価を動かすのは投資家の売り買いのみ

その株を買いたいと思う投資家が、売りたいと思う投資家より多ければ、どんなに業績が最悪でも株は上がります。

「株価100円で売ってくれる人がいないなら、110円出しても買いたい」「いや、こっちは120円出すから売ってくれ」というように、買い手が多く売り手の少ない株はどんどん上がっていきます。反対にその株を売りたい投資家が、買いたい投資家より増えれば、どんなに好業績でも株価は下がります。頭でっかちに考える必要はありません。

一番おいしいのは株価が暴騰したり暴落したりする局面。暴落するのは、株価が上がりすぎたときです。多くの投資家が楽観的に株を買いまくり、「まだ上がる」と陽気に考えていればいるほど、その期待が打ち消されたあとの暴落はすさまじいものになります。

「株で儲けたいと思うなら、値動きの半分を占める下落局面でもしっかり利益が出せるカラ売りも覚えるべし」というのが相場流の教えです。だからこそ、2020年の「コロナ・ショック」、2022~2023年前半のインフレと高金利による一時的な下げ相場は、相場流をマスターした人にとっては、まさにおいしい局面でした。

03 企業の業績を見るな

株式投資には、企業の業績や国内・海外の経済状況を小難しく分析して、株価の未来を読む「ファンダメンタルズ分析」という手法もあります。私にいわせれば「すべての経済

営業停止でも株価が上がった鳥貴族

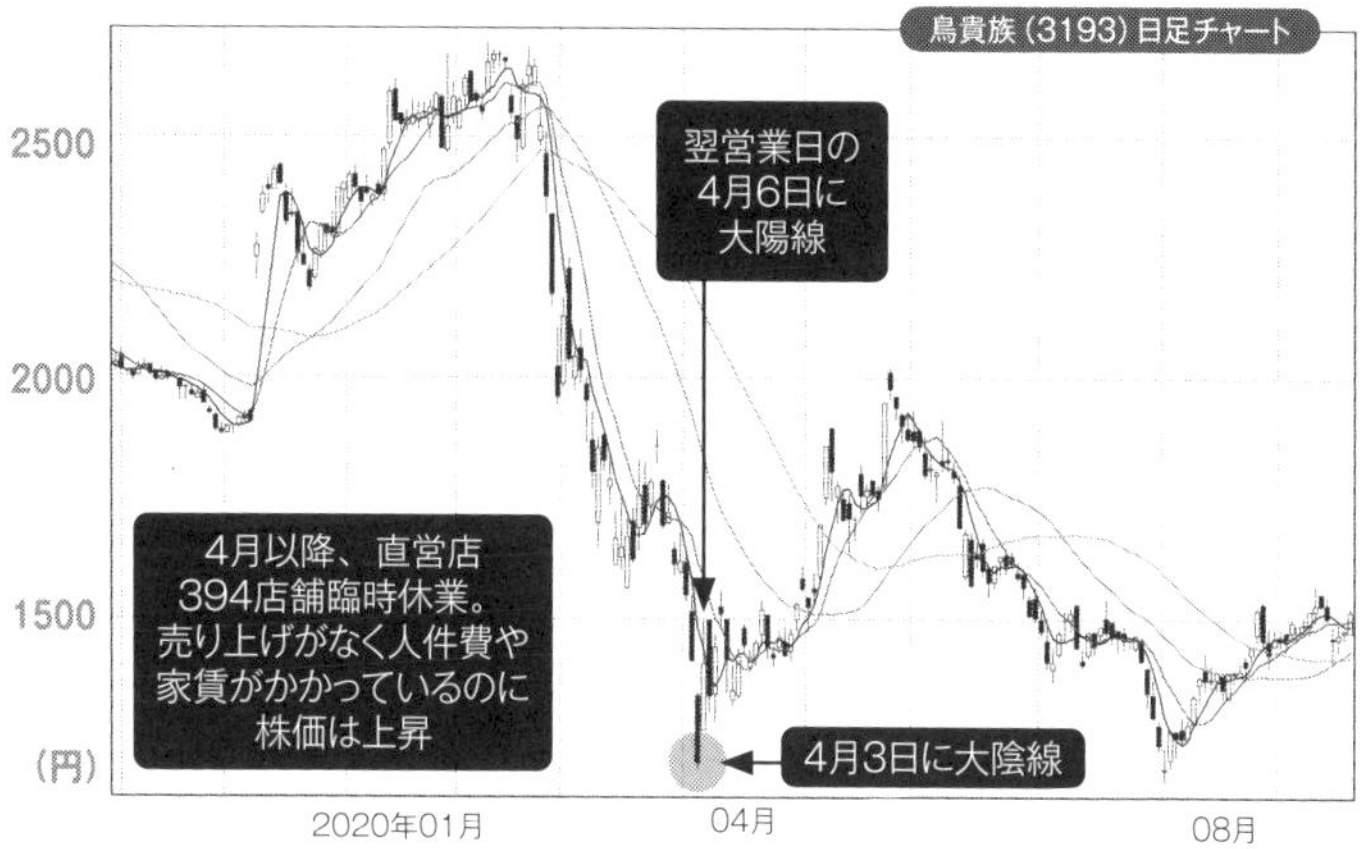

状況やその変化は、投資家心理というフィルターを通して株価チャートに時々刻々と反映されている。株価の値動きを見ているだけで十分」です。

2020年、新型コロナウイルス感染症（以下「コロナ」と略します）の際に株式市場で起こったコロナ・ショックでも、その考え方が正しいことが証明されました。

上の図を見てください。コロナの蔓延で一時営業停止に追い込まれた、焼き鳥チェーン店・鳥貴族の株価チャートです。

鳥貴族が直営店の営業停止を発表したのは2020年4月2日です。度重なる自粛期間の延長もあり、5月18日の営業再開まで、当時394店舗あった直営店の売り上げがゼロという危機的な状態が続きました。

しかし鳥貴族のチャートを見ると、どうでしょう。2月上旬に2600円台だった株価が4月3日に最安値1190円をつけたのに、直営店の営業停止初期の4月6日には、早くも大陽線が出て上昇開始。売り上げゼロにもかかわらず、5月26日の2000円台タッチまで、上がり続けたのです。

もし株価が業績を反映して動くのなら、この値動きは説明がつきません。売り上げがないのに株価が上昇しているわけですから。

鳥貴族に限らず、多くの外食チェーンや小売チェーンの株価は、コロナ・ショックで暴落したあと、街中に人っ子一人いない厳格な緊急事態宣言が続く中でも上昇しました。

なぜでしょうか？　答えは明白です。**株価を動かすのは投資家の期待感や不安だから。**「そのうち営業再開になるはずだし、そこから売り上げが伸びれば株価が上昇してもおかしくない」と考えた投資家が、今こそ底値と見込んで株を買い始めたからこそ、株価が上がっていったわけです。

株価が上がる兆候は、鳥貴族の店舗の様子を見ても絶対にわかりませんでした。店が閉まっているわけですから、当然ですね。株価の底打ち上昇を察知する唯一の手段――それは株価チャートでした。ここでは詳しい説明をしませんが、シグナルを見逃さずにトレードした人は、このときの鳥貴族でもたっぷり儲けることができました。

04 アナリストの相場予測を信じるな

2020年、コロナの不安が渦巻く株式市場では、「これから数年、コロナのせいで企業も日本経済全体も不振が続く。よって全体相場の上昇は難しいだろう」という評論家たちの〝分析〟がはびこっていました。その脇で、巣ごもり需要に沸くネット企業を中心にいくつものスター株が生まれました。

高いお給料をもらって難解なファンダメンタルズ分析を行う証券会社の**プロのアナリストでも平気で間違える**のが株式投資の世界です。

野球でも、テニスでも、株式投資でも、いろいろ考える前に「**来た球（＝値動き）を**

打つ」ことが大切です。値動きに乗って利益を上げること以外、できることはないわけですから。真実は株価チャートの中にしかないのです。

私はよく、チャート分析のことを「選挙の出口調査」にたとえます。今、投資家は買いと売りのどちらに、より多く投票しているのか？　株を買う人と売る人の投票動向をつぶさに観察することが大切です。チャートのみに全神経を集中させ、これから上がりたいのか、下がりたいのか、〝株価の声〟だけに耳を傾けましょう。アナリストの相場予測や新聞の相場欄、金融メディアの見出しを信じてはいけません。

05 出来高200万株以上の大型株だけ愛せ

上げ相場でも下げ相場でも、業績がよくても悪くても、買いとカラ売りを駆使して縦横無尽に利益を取るのが相場流トレードの真骨頂です。相場流で狙う銘柄には条件があります。まず、**日々の「出来高」や「売買代金」が豊富**なことです。

多くの投資家が売買しておらず、値動きが乏しい株は、そもそも相場流のターゲットになりません。1日に取引された株の数量を示す出来高、投資された金額を示す売買代金が少ない銘柄はトレードしづらいからです。このような株は、ごく少数の投資家の買い注文や売り注文によって、株価が乱高下するケースが多くあります。出来高の少ない株では「再現性のある（似たような値動きを狙った）取引」ができないのです。

相場流で狙う銘柄の選別条件は「**1日の出来高が200万株以上あって、株価×発行済み株数で計算した『時価総額』が5000億円以上あること**」。

「ああでもない、こうでもない」と多くの投資家が大量の資金で大量の株数を日々取引しているからこそ、値動きにも一貫性や規則性、方向性が生まれ、予測しやすくなります。

時価総額が大きい株は、会社の規模、業績、財務面で投資家からの評価が高い企業といえます。少し売られたとしても、「この企業なら安心」とすぐに買い手が現れます。急激に上昇すれば自然と利益確定の売却をする人がいますから、値動きも安定しやすいのがメリットです。

「大企業の株」こそ、値動き命の相場流にふさわしいトレード対象なのです。

06 JPX400や日経225の大型株を選べ

2023年4月現在、1日の出来高が200万株以上ある上場企業はトップクラスの三菱UFJフィナンシャル・グループ（約7406万株・2023年4月17日の出来高数、以下同）やトヨタ自動車（約1896万株）から、駐車場運営のパーク24（約201万株）まで**135社**。もう少し視点を広げて、**「日経平均株価」に採用された225社**、**「JPX日経インデックス400（以下、「JPX400」と略します）」に採用された400社**なら、値動きも豊富で売買も幅広く行われています。相場流トレードのターゲットとしては申し分ありません。

時価総額5000億円以上の上場企業は1位のトヨタ自動車（時価総額約30兆円）から消費者金融のアコム（同約5000億円）まで262社あります。

「安定した出来高」「会社としての安定性」という二つの条件を満たす企業なら、値動き

相場流で一生使える大型株ベスト10

No.	銘柄名	証券コード	セクター
1	**ニッスイ**	1332	水産・農林業
2	**森永製菓**	2201	食料品
3	**神戸物産**	3038	卸売業
4	**資生堂**	4911	化学
5	**ブリヂストン**	5108	ゴム製品
6	**リクルートHD**	6098	サービス業
7	**安川電機**	6506	電気機器
8	**トヨタ自動車**	7203	輸送用機器
9	**伊藤忠商事**	8001	卸売業
10	**日本郵船**	9101	海運業

日経平均先物や
日経225の東証ETFも
おすすめ

※2023年4月現在。証券コード順に並べており、この10銘柄に優劣はない。9番目の伊藤忠商事は業種のうえでは卸売業だが「商社代表」として筆者がチョイス。HD=ホールディングス

もそれほど極端にならず、今後どうなるか読みやすいので、条件クリアです。

上の表は、2023年4月時点で私が「一生使える」と太鼓判を押せそうな10銘柄です。値動きが読みやすい銘柄は時とともに変化しますが、この10銘柄なら、とんでもないことが起こって企業体質が変わらない限り、安泰でしょう。

各セクターの代表的な銘柄の中から、最近のチャートの状況をもとに、トレードのしやすさ、値動きの読みやすさという観点から選んでいます。この10銘柄以外では、日経平均先物や日経225、TOPIX（東証株価指数）の東証ETFもおすすめです。

初心者が実際に売買する銘柄は10銘柄中1銘柄でかまいません。自信があるなら3銘柄ぐらいまで手を広げてもいいでしょう。相場流のチャート読解力、売買判断ができるかどうか。あなたのスキルに応じてトレードする銘柄を増減させてください。

もちろん、ここで挙げた10銘柄にこだわる必要もありません。「出来高が200万株以上あって、時価総額が大きく、投資家が安定して売買していそうな企業」なら、事業内容や業績に急激な変化がなく、値動きも読みやすいはずです。自分の感覚で**「この株の値動きとは相性がいいな」という銘柄を見つける**ことが大切です。

07 己のストライクゾーンを決めておけ

値動きだけに全神経を集中すれば、株で利益を出すのは「簡単なこと」といえるようになります。では、株価の値動きにはどのようなものがあるのでしょう。単純化するなら次の3つしかありません。

「**上がる**」「**下がる**」「**横ばい**（株価があまり動かない）」

株価というのは、下落が続く局面からやがて安値圏で底を打って横ばい相場に移行し、そこからある日、上昇を始める。もしくは上昇したあと、高値圏で横ばいが続き、そこから下落に転じるという動きをしやすいものです。

上昇や下落が続く局面。天井や大底を打って横ばい相場に移行する局面。その後、大底圏から反転上昇したり、天井圏から急落したりする値動き。どの銘柄のどの時期のチャートを見ても、非常に似通っています。**それぞれの局面に頻出する値動きのパターンを見つけ出し、その規則性や再現性、周期性をもとに理路整然と売買していく**のが相場流のトレード手法です。

上昇、下落、横ばいの、どの局面の値動きからも利益は生まれます。ただ、相場流の学習を始めたばかりの初心者には「**まず己《おのれ》のストライクゾーンを決めておけ**」とアドバイスしておきましょう。自分が取引しやすく、利益を出しやすい局面だけを狙ってトレードしよう、という意味です。

「好きこそモノの上手なれ」という言葉があります。じわじわと上昇する局面が好きな人もいれば、高値圏から真っ逆さまに暴落する局面と相性がいい人もいます。

百戦錬磨のプロがひしめく株式市場で初心者が四六時中戦うのは大変なことです。**得意な値動きが来たときだけ、参戦すればいい**のです。「毎日、取引しなくてもいい」というのがプロにはない個人投資家の特権ともいえます。自分と相性のいい局面を見つけることが、トレード上達の第一歩。まずは、自分にとってどんな値動きがストライクゾーンで、どの値動きがボール（見送り）なのか、わかるようになりましょう。

08 すぐに利益確定するな

株は「上がって横ばいになって下がる」「下がって横ばいになって上がる」という値動きを繰り返しやすいので、上がっている期間は株を買い、下がっている期間は株をカラ売りしながら利益を伸ばしたいものです。

株価というものは、昨日上がって、今日横ばいだったからといって、明日急落すると決まっているものではありません。

株価を影で動かしているのは投資家心理。人間の気分や感情というのは、毎日毎日、そんなに目まぐるしく変化するものではないのです。株に対する期待や楽観はある程度の時間をかけてじわじわと形成されていきます。株の将来に対する不安や恐怖も、ひとたび投資家の心に押し寄せると、なかなか引かないものです。

その間に挟まった横ばい相場も同じ。投資家たちの気持ちが、この先、上か下か決めかねている**宙ぶらりん状態が長く続く**こともあります。

株価は「一定期間上がって、一定期間横ばいになって、一定期間下がる」という動きを繰り返します。この方向性のことを「**トレンド**」と呼びますが、株価がいったん上昇もしくは下落トレンド入りしたら、その方向性は一定期間続くことが多いのです。

相場流では、**ローソク足の本数や移動平均線の傾き、並び、株価との位置関係**などから値動きの中に生まれた現在の方向性がどれぐらい続くかを判断していきます。一定のトレンドが続く間は、ちょっと儲かったからといって利益を確定する必要はありません。

利益を出すだけでなく「**その利益をなるべく伸ばす**」ことも、株式投資で成功を収めるためにはとても大切なことです。第2章で、トレンドがどれぐらい続くかを予測するための目安について、さらに詳しく解説します。

09 どんな凡人でも勝率8割までは上げられる

株式投資は天才、強運の持ち主しか勝てない世界ではありません。株価の値動きを勉強して技を磨き、自分の感情をコントロールする術《すべ》を覚えれば勝てます。経験値と知恵を蓄えれば、どんな人でも利益を上げられる、オープンな世界なのです。

忙しい人でも通勤中の1時間、夜眠る前の30分、トイレの中の10分ぐらいは、過去の株価チャートを見て値動きの勉強をする時間を作れるはず。練習、鍛錬、努力を重ねれば、株のトレード技術も向上していきます。

掟7で述べた「自分の得意なストライクゾーン」がわかり、ストライクを待てるだけの自制心を養えば、勝率を上げることも可能です。

自分と相性のいい値動きの銘柄を見つけて、その銘柄だけに絞って売買すれば、さらに勝率は向上します。**相性のいい銘柄の、自分が得意な値動きだけ**を狙えば、100％は無理でも勝率8割ぐらいまでは持っていけるようになるものです。

10 スポーツは練習するのに株は練習なしか？

スポーツにせよ、語学にせよ、練習なしにうまくはなりません。勉強や仕事、趣味やスポーツの世界で「練習は不可欠」といわれれば「そんなの当たり前」と納得する人が大半でしょう。にもかかわらず、**株式投資の世界で練習があまり重要視されないのはなぜでしょうか**。きっと、**「株式投資で成功＝ラクして大儲け」という誤った考え方が浸透しているせい**でしょう。

株式投資だって練習を重ね、実戦で手痛い損失をこうむり、失敗や成功から謙虚に学ばない限り、コンスタントに勝ち続けることはできません。

練習方法はいたってシンプルです。株価の値動きを記録したチャートを何度も観察し、ローソク足と移動平均線の関係を頭に叩き込み、**相場流の売買シグナルが出現する瞬間とその形**を脳裏に焼き付けていくだけです。

野球の素振りのように、やることは単純。ただし数をこなすことが必要です。過去のチャートを何百枚、何千枚と見て、相場流の技やシグナルが登場する箇所を、できれば指で追いながら一つ一つチェックしていきましょう。自分の血肉になるまで続けなくてはなりません。その練習を繰り返せば努力は報われます。

11 同じ技を3000回繰り返してこそ初めてその技は身につく

私は学生時代から空手をしてきました。国際空手道連盟極真会館の創設者・大山倍達先生は私が空手を習い始めたときの大師匠です。「同じ技を3000回繰り返してこそ初めてその技は身につく」という掟は大山先生が空手道を究めるための唯一無二の方法として語られていた言葉からちょうだいしたものです。

頭で理解することと実際にできることは違います。身銭を切ったトレードにおいて欲、興奮、不安、恐怖、執着心をコントロールし、最良の判断ができるようになるには、何度も練習することが必要です。

たとえば1回の失敗で10万円を失うとしましょう。失敗トレードを実戦で３０００回も繰り返すことはできません。だからこそ、実戦前の練習段階で何度も過去の株価チャートを観察し、「こういう動きが出たら、次はこうなる」という値動きのパターンを体に覚え込ませないといけないのです。

ＪＰＸ４００に採用された４００社の株価を過去30年分さかのぼって観察すれば、30年×４００銘柄でのべ1万２０００年分の値動きを目に焼き付けた計算になります。1万２０００年は多すぎますか？　であれば３０００年分、すなわち１００銘柄のチャートを過去30年分さかのぼってください。次の日はどんな値動きになったか予想しながら、日足チャートのローソク足を1本1本、見るのです。３０００年分のチャートを丁寧に見れば、「株価はどれぐらいの期間をかけて上昇→横ばい→下落の動きを繰り返すのか」「ローソク足と移動平均線がどんな形になると、チャンスが生まれるのか」「相場流売買シグナルの中で自分が好きなもの（相性がいいもの）はどれか」がわかるようになります。

気の遠くなるような時間がかかることでしょう。しかし、億万長者への道につながるなら、やる気が湧いてくるはず。この練習によりどんな凡人でも上達します。

12 お前が休んでいるとき、俺は練習している。お前が寝ているとき、俺は練習している。お前が練習しているとき、もちろん俺は練習している

この言葉はプロでの戦績が50戦50勝、史上初めて無敗のまま5階級制覇を達成した米国のボクシング元世界チャンピオン、フロイド・メイウェザー氏のものです。

メイウェザー氏は「ディフェンスの天才」。相手のパンチを一瞬で見切って反撃に転じる、すさまじい動体視力と反射神経の持ち主でした。一般の人からすると、練習で鍛えられるのはパンチ力や持久力、スタミナだけのようにも思えます。しかし、メイウェザー氏は相手のパンチをミリ単位の動きで避けるための動体視力や反射神経を、血のにじむような努

力で鍛え上げました。

50戦無敗の輝かしい戦績は、この言葉に凝縮されたすさまじい練習量があったからこそ成し遂げられたもの。この言葉をつぶやくたびに、株歴40年超の私も、さらに努力して、ますます進化しないといけないという思いに駆られます。

13 努力も複利で運用できる

2023年で御年91歳になられる三浦雄一郎さんは、80歳で3度目のエベレスト登頂に成功された世界有数の登山家です。私は過去に三浦さんと対談する機会をいただきました。その際、三浦さんが80歳でエベレストに登る前、足に1キロの重りをつけて家の周りを歩くのを日課にされていたという話をお伺いしました。その重りを少しずつ増やして、エベレストの頂上まで登りつめるための足腰を鍛えたそうです。

「ゆっくりゆっくり、重りの量を増やす。すると、重りが足の一部になります」とおっしゃられていました。

この言葉も、練習や努力の本質をとらえた素晴らしい教えだと思います。

チャートを見て練習をするときも、その努力が自然と、体や思考の一部になるように、**ゆっくり、焦らず急がず、時間をかけて行う**ことを意識しましょう。

実際の株式投資でも、売買する株数を少しずつ増やします。まずは100株の取引で1万円の利益を着実に出せるように。次に1000株の取引で10万円。その次に1万株の取引で100万円。株数が増えてもプレッシャーを感じず、利益を出せるようになるためには実戦の積み重ねが必要です。

投資の世界では、稼いだ利益を再投資に回すことで利益がまた次の利益を生み出す「**複利運用**」を心がけることが大切といわれます。お金だけでなく、**努力も複利**で。最初はゆっくりした亀のような歩みでも、着実に前に進んでいきましょう。以前得た知識に、新しい知識を加えて技術を向上させていくのです。

日々の努力を怠らないこと。いつも謙虚に「もっと株のトレードがうまくなりたい」と精進すること。**努力を習慣的なものに**しましょう。

14 高学歴・高収入ほど株が下手と思え

学校の試験や会社の出世、ビジネスの成功に関しては、正しい努力をすれば、それなりの成果が得られます。特に高学歴・高収入の人は何をやらせても上手な傾向があります。しかし株式投資の世界は、頭がよくて、高学歴・高収入でも〝秒殺〟されてしまう、ある種、特殊な世界です。それはなぜでしょう。

高学歴・高収入の人ほど、「自分には学力も才能も財力もあるから、株式投資でも負けるはずはない」と考えてしまうのかもしれません。株の取引に失敗して損をしても、「自分の考えていることのほうが正しい。株式市場のほうがイレギュラーな動きをした」と自己正当化に走り、ますます損失を拡大させてしまったりします。自分が正しいと言い続けながら株式市場に挑んでも、手痛いしっぺ返しを食らうだけです。

株式投資は、高学歴・高収入の人が必ず成功できる世界ではありません。では、どんな世界か？　寿司職人が寿司をうまく握れるように師匠から学ぶ、プロ野球選手が監督やコーチのアドバイスのもとで技術に磨きをかけるといった**職人の世界**です。

私は「株職人」と名乗り、職人の先の「株匠」を目指しています。株式投資で一番モノをいうのは、知識や理屈ではなく、**技**、**経験**、**知恵**。他人の声（＝値動き）に耳を澄ます謙虚さや懐の広さなど、**人格面**も鍛えないと勝ち続けることはできません。

基礎がわかるとすべてわかった気になってしまい、練習や鍛錬を軽視する人がいます。いつの間にか、他人の意見に耳を傾けることをしなくなる場合もあります。頭だけで考えているうちは、コンスタントに勝ち続けることができません。

体と心で自然に反応できるだけの練習を積んでこそ、本物に一歩近づけるのが職人の世界。株式投資もそれと同じです。高学歴・高収入な人は、まず「自分は株がド下手。何もわからない」と、へりくだったところから始めましょう。そのうえで練習を続ければ、怖いものはありません。もともと優秀な頭脳の持ち主なんですから。

私の主宰する「株塾」には、弁護士や医師、会社役員など、たくさんの高学歴、高収入な方々がいらっしゃいます。みなさん謙虚に練習をしています。

15 ストライクを打てばヒットかホームランになる

これは「株塾」の新年会に来ていただいた元プロ野球選手の落合博満さんから教えていただいた言葉です。落合博満さんといえば日本で唯一、三冠王を3度も獲得した大打者であり、日本のプロ野球史上初の〝1億円プレイヤー〟としても有名です。

打ちやすいストライクが来れば、どんな球も結果に結びつけることができる、という落合さんならではの自信に満ちあふれた言葉といえるでしょう。

逆に、「ボール球には手を出さない。ど真ん中のストライクだけを待つ」という**我慢強さやチャンスを見極めるための選球眼**こそ大切だという意味も、この言葉には込められていると思います。

それは株式投資も同じ。上がるか下がるかの判断が難しい場面ではトレードを見送ることも大切です。「確信を持てないボール球の局面は潔く見送る」という大原則を守るだけでも、株式投資の勝率は格段にアップします。もちろん、「ここぞ!」と思える**チャンスの場面だけで勝負する柔軟性**も必要不可欠です。

プロ野球では打率3割以上をキープできれば大打者です。株式投資なら勝率8割、9割も夢ではありません。プロ野球選手は1試合、最低でも3回打席に立つ必要がありますが、株式投資では〝その日はチャンスなし〟と思えば、1度も打席に入らなくたって、誰も文句をいいません。プロ野球に比べれば、株式投資は簡単です。チャンスだけ・ストライクだけを待つ忍耐力、ボール球を見送る欲望のコントロール法を習得すれば、勝率は上がることでしょう。

16 「広く浅く」より「狭く深く」が勝利への近道

〝ストライクだけを狙って打てばいい〟ということをさらに突き詰めるうちに、私はこう考えるようになりました。「**一つのことを究めて、狭く深く掘り下げることが株で勝つた**

めの極意ではないだろうか」と。

本物のプロや名人、匠と呼ばれるような人は、「すべての場面でそれなりの成績が収められる」ジェネラリストである必要はありません。

高学歴の人は国語・算数・理科・社会、すべての科目で平均点以上を取ってきたかもしれませんが、投資では〝あの銘柄でもこの銘柄でも、そこそこいい点数（利益）〟を出す必要はありません。仮に10銘柄を取引して、9銘柄で微妙に損をしても、残りの1銘柄で強烈な利益を得ていれば収支的には問題ないわけです。

一つのことを何千回、何万回と繰り返し行えば、誰だってうまくなります。1銘柄だけを究めて「一生、この銘柄だけでお金を稼いでいく」というスタイルもアリです。

相場流トレードの基本である「ローソク足が陽線で、5日線を勢いよく下から上に突き抜けたら買い」という「下半身」シグナルだけで資産1億円を達成することだって、夢ではありません。1億円がいいすぎなら、1000万円。「相場流で4ケタ万円」なら練習次第で誰にでも達成可能です。

職人に必要なのは、シンプルで研ぎ澄まされた道具だけ。**ローソク足と移動平均線だけ**

をとことん駆使すれば、利益が出るようになります。

株式投資の技が上達するためのステップは**「たくさんの量をこなす→深く狭く考える→工夫してみる」**という3段階です。

チャートをのべ３０００年分ぐらい見て、「こうなったときはこうなりやすい」という過去のパターンを徹底的に目に焼き付けます。

その中の一つのパターンを深く狭く観察していけば、どんな場面でも「あっ、これは自分が何度も見てきた値動きのパターンだ」と、チャンスのときだけ体が反応して自然にトレードできるようになります。

その発想をさらに濃く考えていけば「だったら、こうすればもっと利益を伸ばせる」「失敗を回避できる」という工夫も生まれます。

寿司職人がおいしい寿司を握り、プロ野球選手が値千金のホームランを打てるように、自由自在に株式投資で利益を出せるようになるのです。

株式投資のかばんに、あれこれ詰め込むのはやめましょう。**道具は一つでもかまわないので深く狭く掘り下げてください。**

第2章

相場流　ローソク足・移動平均線の掟

17 ローソク足の基本を理解せよ

本章以降、相場流トレードで実際に売買判断するための〝掟〟の数々を紹介します。

まずは、チャートに株価の動きが記録されている「ローソク足チャート」からご説明しましょう。値動きの細かいニュアンスや方向性、強弱をつかむためには、ローソク足の基本的な仕組みを理解することが必要不可欠です。

ローソク足は細長い長方形の「実体」部分と上下に伸びた「ヒゲ」と呼ばれる棒線のようなもので構成されています（ヒゲがない場合もあります）。

ローソク足1本が1日の株価の動きを示しているときは「**日足**《ひあし》」、1週間のときは「**週足**《しゅうあし》」、1カ月なら「**月足**《つきあし》」と呼びます。期間を設定することで、その時間軸の中で起こった株価の動きを示したのがローソク足チャートです。

通常の折れ線グラフだと一つの点で一つの価格しか表現できません。それに対してロー

上がったら陽線、下がったら陰線

その日(または週、月)の
終値《おわりね》が始値《はじめね》より高いときは

陽線《ようせん》

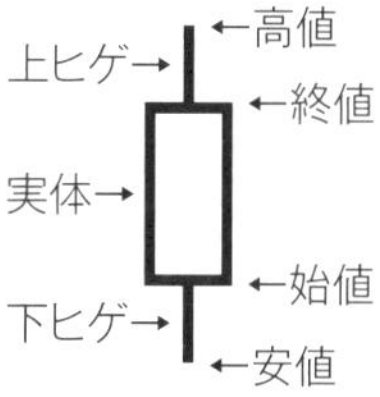

その日(または週、月)の
終値《おわりね》が始値《はじめね》より低いときは

陰線《いんせん》

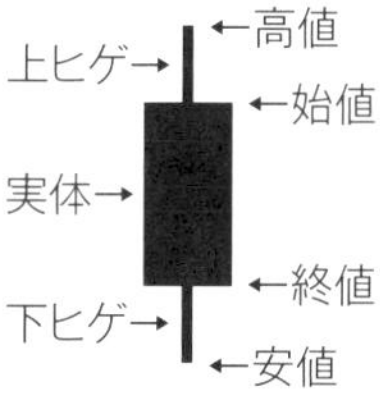

ソク足では、1本のローソク足で四つの価格(「**4本値《よんほんね》**」)を同時に表現できます。期間中の取引開始時点の価格は「**始値《はじめね》**」、終了時点の価格は「**終値《おわりね》**」。株価が上昇して終値>始値のときは「**陽線《ようせん》**」(実体の内部が白)、下落して始値>終値のときは「**陰線《いんせん》**」(実体の内部が黒か色付き)で表現します。

陽線ではローソク足の実体部分の下辺が始値、上辺が終値。逆に陰線では実体部分の下辺が終値、上辺が始値となり、始値と終値の位置が逆転するので注意してください。さらに期間中の「**高値《たかね》**」は実体部分から上に伸びた上ヒゲの最先端、「**安値《やすね》**」は実体部分から下に伸びた下ヒゲの最先端で表現されます。

18 ローソク足で値動きの強弱をつかめ

音楽家は楽譜を見るだけで頭の中に音楽が流れるといいますが、私はローソク足を見るだけで、その期間中の値動きを正確にイメージできます。あなたもローソク足を見るだけで、①株価がどこから始まって（始値）、②どこまで上昇し（高値）、③どこまで下落し（安値）、④結局、最後にいくらで終わったか（終値）、わかるようになりましょう。

取引開始から一貫して大きく上昇した場合、始値と安値、終値と高値が一致した、上下にヒゲのない、長方形の実体部分だけの「大陽線」になります。逆に、終始、下落して終わった場合は「大陰線」で示されます。太陽線・大陰線の上下いずれか、もしくは両方にヒゲがつくことも多いですが、このヒゲは、短いほど勢いが強いと判断しましょう。

ローソク足のヒゲが長い場合についても説明しておきます。長い上ヒゲは、株価がいったん高値まで上昇したものの、買いの勢いが失速。売り圧力が急増して、あえなく下落し

実体とヒゲの長さで4パターン

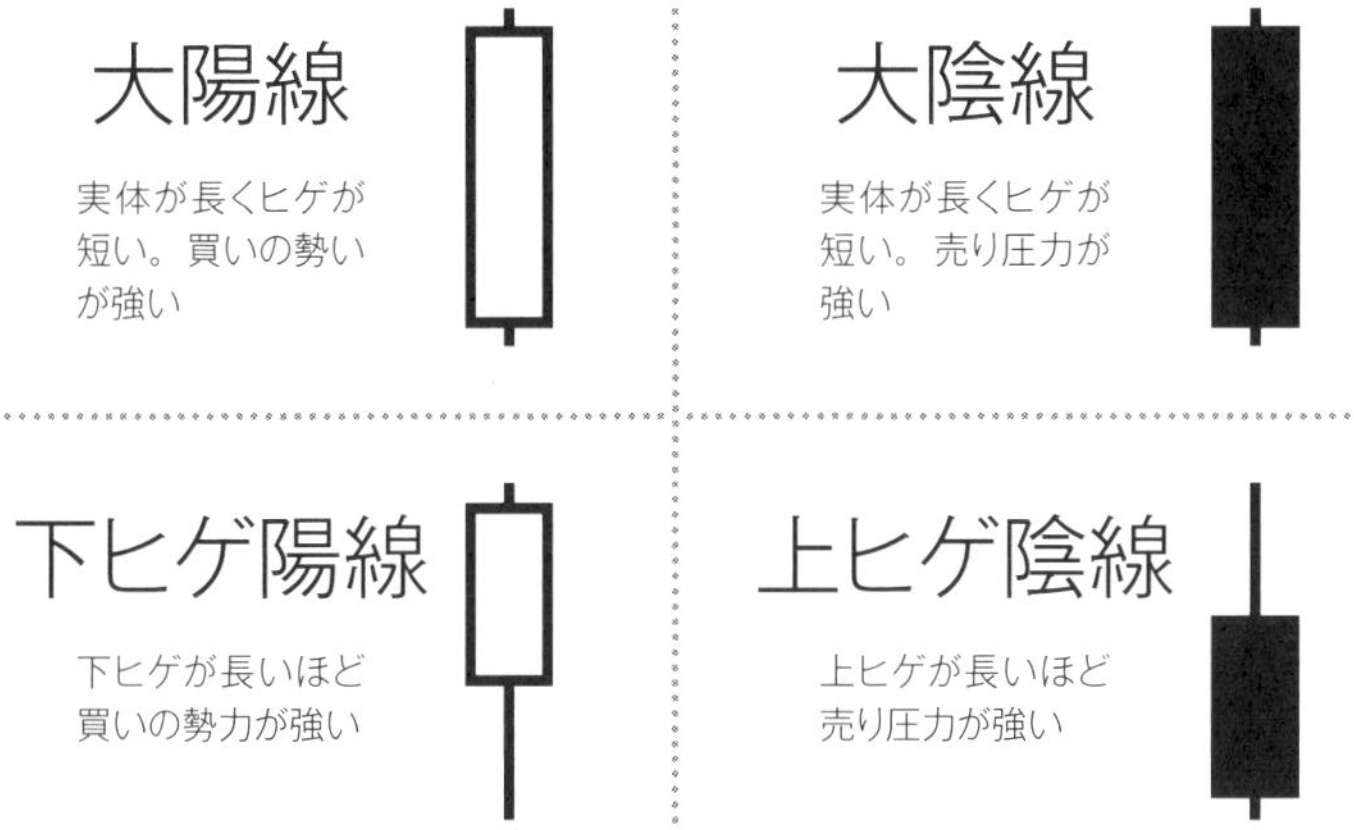
大陽線
実体が長くヒゲが短い。買いの勢いが強い
大陰線
実体が長くヒゲが短い。売り圧力が強い
下ヒゲ陽線
下ヒゲが長いほど買いの勢力が強い
上ヒゲ陰線
上ヒゲが長いほど売り圧力が強い

てしまった弱い値動き。その後、始値も下回って陰線で終わると、上値に強い売り圧力があることを示す「上ヒゲ陰線」になります。反対に、長い下ヒゲは当初、勢いよく売られて下ヒゲが示す安値まで売られたものの、買い勢力が盛り返して売り勢力を駆逐した状況を示します。始値も越えて取引が終了すると「下ヒゲ陽線」が完成します。

ローソク足を見れば、その形が示す株価ドラマの詳細をイメージできるのです。特に上昇相場が煮詰まった天井圏、下落相場が収束しかかった大底圏などでは上ヒゲや下ヒゲの非常に長いローソク足が出現して、相場反転の前兆シグナルになります。

19 チャートで大まかな流れをつかめ

株価は、投資家がその企業に抱く期待と失望によって上がったり下がったりします。投資家の気持ちが瞬時に株価へ反映されるので、最初は全神経を集中してローソク足だけを見ていれば十分です。

47ページ上の図はKADOKAWAの日足チャートです。画面の左側では約5カ月にわたって下落が続いてきましたが、画面右側で株価が反転上昇しています。**一番右側の大陽線は直近につけた高値を上回って**います。このチャートだけを見たら、「上昇の勢いが強そうだから、買いで勝負だな」と判断してもおかしくないでしょう。

結論からいうと、KADOKAWAの株価はこのあと、**さらに上昇**しました。ただ、5カ月の下落のあとの反転ですから、このチャートだけではさらなる上昇に向かう流れを判断できないかもしれません。そんなときは、より時間軸の長い週足・月足チャートも見て、

株価（ローソク足）の動きから全体像をつかむ

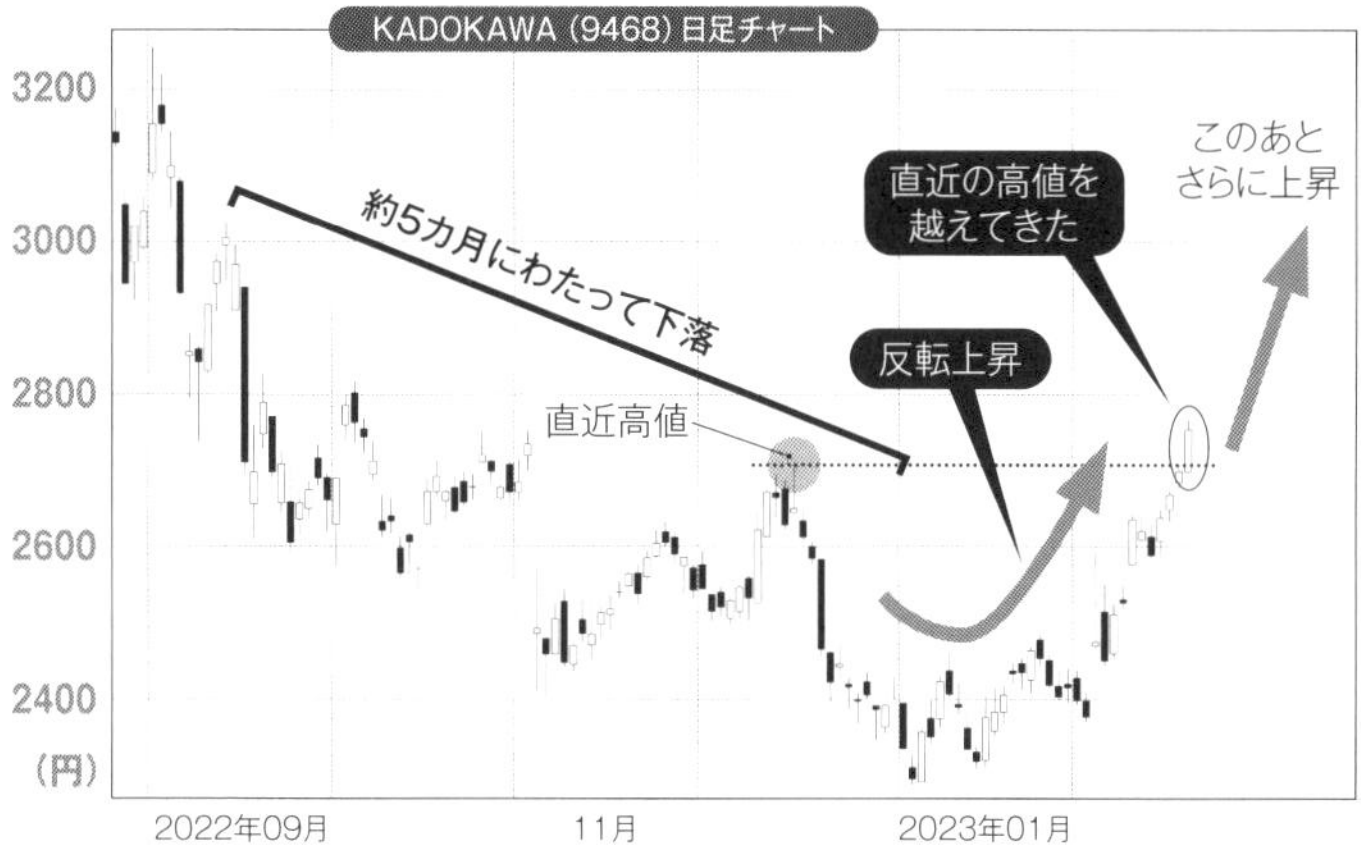

さらに大きな流れの中で現在の局面がどこに位置しているかを確かめます。

株価の流れが生まれるのは、株の売買を実際に行っている投資家が〝綱引き〟をしているからです。**買い手優勢になれば株価は上がり、売り手優勢になれば株価は下がります。**横ばいになるのは両者の力関係が拮抗《きっこう》しているから。

買い手と売り手の力関係のことを「**需給**」と呼びますが、株価が日々変動するのはこの需給関係が日々変化するからです。業績よりマクロな、国内外の経済動向の変化などは、「買いたいか売りたいか」という投資家心理というフィルターを通して株価に反映されるだけの話。株価チャートに示された投資家心理を読み解いていけば、株価の未来をかなり正確に予想することが可能です。

たくさんの銘柄の過去何十年分のチャートを繰り返し見て、大まかな流れに生じた起承転結や、流れの細部に出現する象徴的なローソク足の形状などを脳裏に焼き付けることがチャート攻略の第一歩です。

20 「W底」に大幅上昇の可能性あり

株価は「下がって横ばいになって上がる（またはその逆）」という流れで動きます。株価が大きく下がり、横ばいで推移したあと、勢いよく上昇するときによく出現する値動きの形が「W底《ダブルぞこ》」です。下落の続いた株価が2度同じ価格帯で安値をつけたあと、中間の高値を突破したらW底完成。日足でも週足でも出現します。いずれも、その後に大きく上昇する前兆となります。

長期下落後の「W底」は反転上昇の前兆

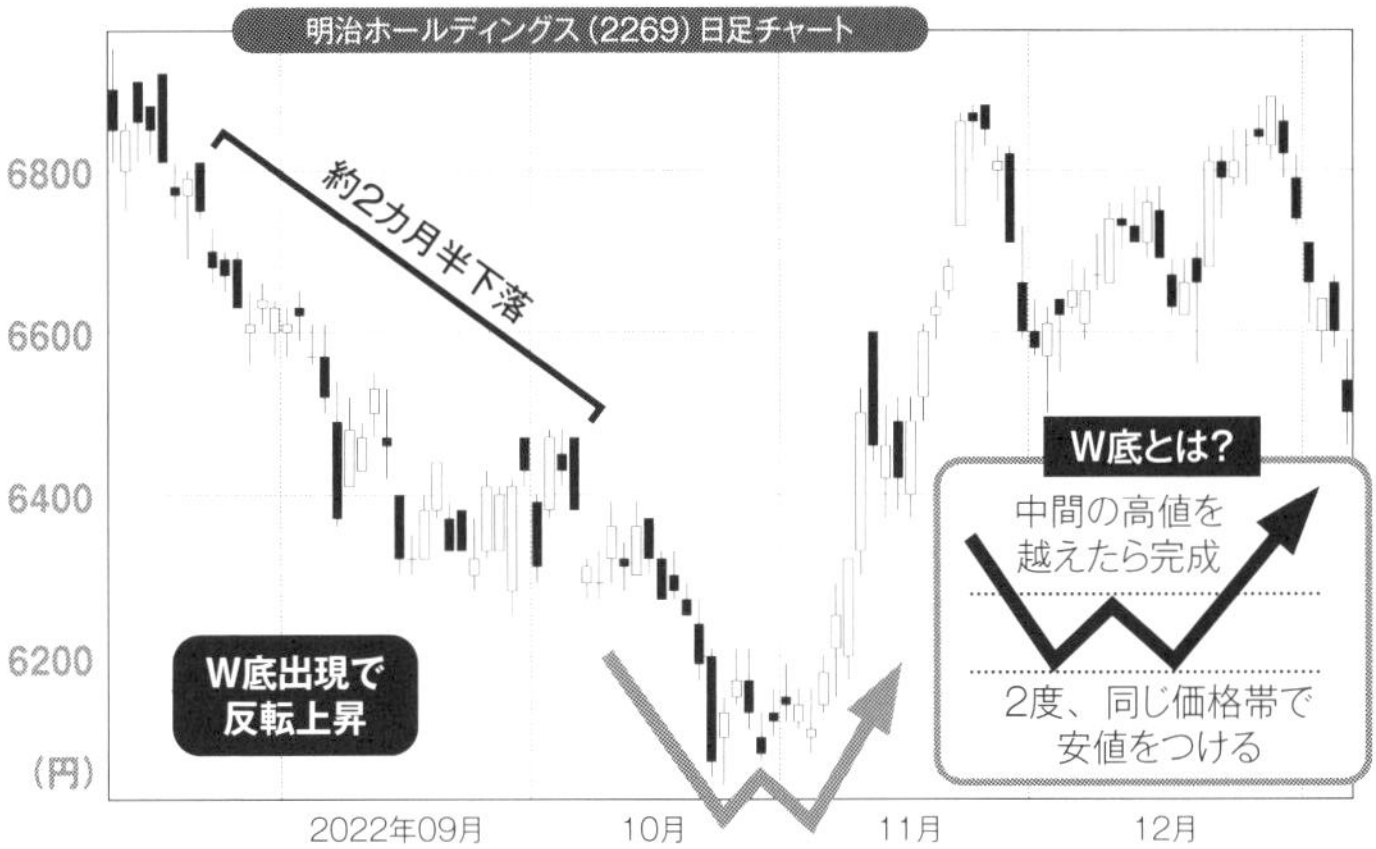

上の図は明治ホールディングスの日足チャートですが、約2カ月半近く下げ相場が続いたあとにW底が出現し、見事な反転上昇に転じています。

この上昇は、投資家心理とともに考えれば、すぐに理解できます。それまで下落が続いてきた中、安値をつけて反発。しかし、これまでの下落で勢いづいた売り手は「まだまだ下がる」と売りを浴びせます。その売りで再び下落したものの、前の安値近辺で、今度は買い手が「前の安値を割り込ませないぞ」と買いの勢いを強めます。そうなると、売り手の多くは「うーん、安値を更新できなかったから、そろそろ利益確定しよう」と判断。売りポジションの決済は買い＝**売り手の利益確定の買い戻し決済も株価の反転上昇に勢い**をつけます。ここまで説明した流れが「W底」の形になって表れているわけです。

W底は、強い上昇トレンドがいったん崩れて、急落する途中にも登場することがあります。こちらはW底で「**押し目**」（上昇途中に株価がいったん下落調整すること）を作ったかに見えて、再びW底の安値を下回って下げるパターンも多いのが特徴。安値の割り込みに警戒しながら、その後の値動きを注意深く観察する必要があります。

21 チャートの紙芝居練習法を毎日やれ

チャートを見る回数を増やせば増やすほど、株の実力がアップします。最も効果的な見方は「次の足は上がる、下がる、どれぐらい上がる、下がる?」と自問自答しながら、チャートの最先端のローソク足を1本1本スライドさせて表示していくこと。相場流ではこれを「**チャート紙芝居練習法**」や「**チャートリーディング**」と呼んでいます。

次の日のローソク足を予想してみよう

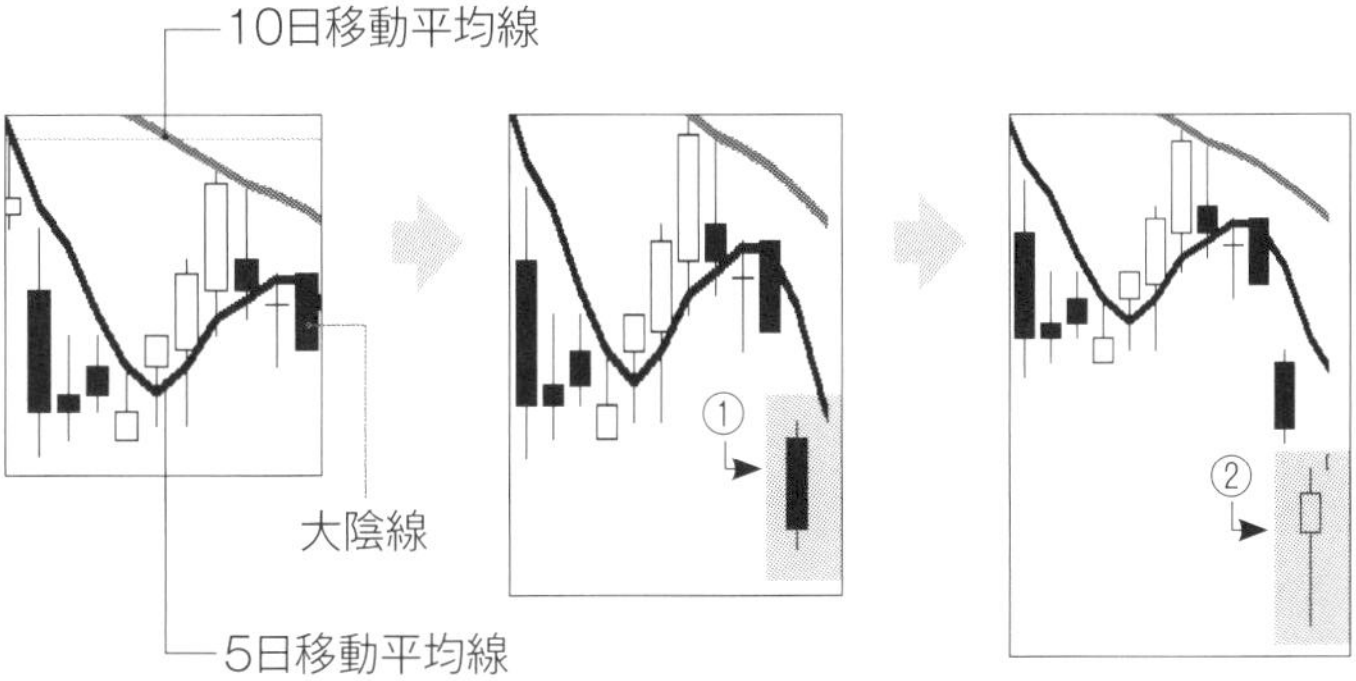

※チャートはイメージです

実際の取引では、未来のローソク足の形は誰にもわかりません。上がるか下がるかを予想して買い注文または売り注文を入れ、予想通りに株価が動けば利益が出ます。まだ見ぬ未来のローソク足がどんな形になるかという、株式投資で最重要の予測能力を、過去のチャートのローソク足を1本1本めくっていくことで養うのが紙芝居練習法の目的です。

実際のチャート読解ではローソク足に加えて、**移動平均線という株価の〝ガイド役〟**を表示させて「次はどうなる？」を予想していきます。

たとえば、上図の一番左のチャートでは、株価は一時5日移動平均線を越えて上昇しましたが失速。そして大陰線が5日線を割り込んでいます。予想としては「このあとも下げる」と感じる人が多いのではないでしょうか？

さて、翌日はどうなるか。チャートツールなどを使って時間をスライドさせ、次のローソク足を1本だけ表示させます。すると案の定、中央のチャートの①のように、前日終値を大きく下回り、またまた大陰線が出現しました。「下げの勢いが相当強いぞ、翌日ももっと下げるはず」と予想して次のローソク足をめくると……。はい、正解。やはり大きく下落していますね。

しかし、一番右側のチャートに出現したローソク足②は下ヒゲの長い陽線。いったん大きく下げたものの、「下げすぎでは？」と買いが入り、売り圧力を跳ねのけて、その日の安値や始値を上回る位置まで株価が戻したわけです。これは「ひょっとして、次は上がるんじゃないか？」。そう予想して、ワクワクしながら次の足をまためくっていく――。

このチャート紙芝居練習を、まるで映画を観るように楽しめるようになれば、あなたの株価予測力はぐんぐん伸びていきます。

いきなり予想するのは難しいと感じた人は、まずローソク足の全体像を表示して、流れ

紙芝居のように株価の未来を予想

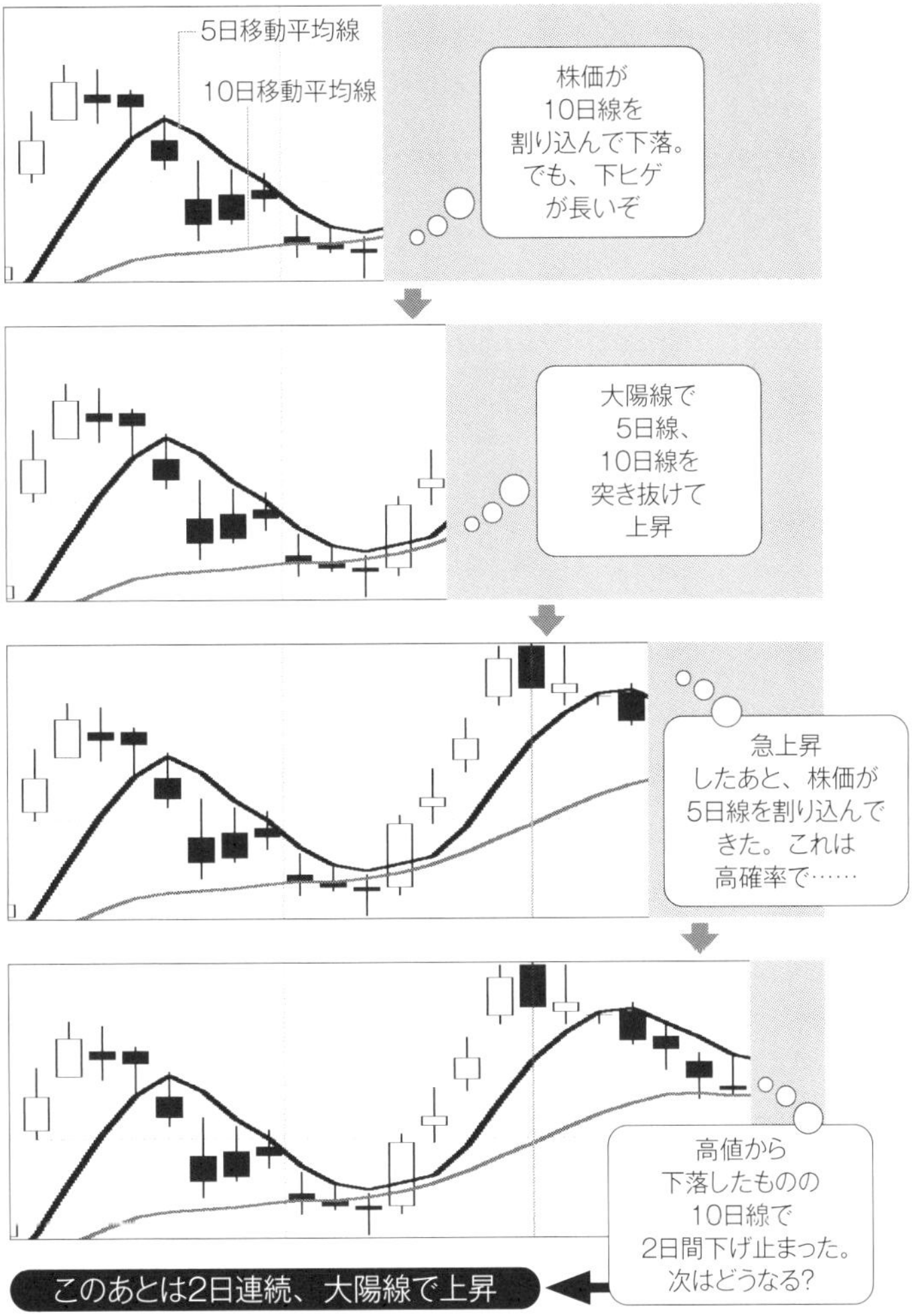

※チャートはイメージです

を把握したうえで、もう1度、過去に戻り、イチからその流れを〝追体験〟してみるといいでしょう。そうすると全体の流れを構成する細部の値動きのニュアンスに対する理解が進みます。**ローソク足の組み合わせや、ローソク足が移動平均線を上に抜けたり下に割り込んだりする動き**から、次の値動きのイメージが湧くようになります。

22 「1銘柄を30年分」で弱点を克服せよ

自分が取引したいと思っている銘柄の過去30年分の値動きを教科書がわりにチャートの紙芝居練習（チャートリーディング）をすれば、その銘柄特有の**値動きのクセ**や、**値動きの節目となる価格帯**、1年を通じた**周期性**、過去から現在にいたる**長期的な方向性**などを目に焼き付けることができます。

30年分の値動きの中には下げ相場もあれば上げ相場もあるでしょう。上げ相場から急落して下げ相場に入る局面もあれば、長期間、下げ続けたあと横ばいに転じ、じわりそろりと時間をかけて上昇相場に転換する値動きもあるはずです。

現在のチャートを見ると、直近のローソク足がこれまでの横ばい相場を飛び越えて、大きな陽線で上昇していたとしましょう。日めくりチャート紙芝居を30年分やり終えていたら、**「あっ」と思う**はずです。「こんな形で陽線が出たあと、上昇の続くパターンをチャート紙芝居練習のとき何度も見たぞ！」などとピンときたら、しめたものです。

チャートを30年分見て、それこそ何千回、何万回と陽線の出方を観察したことで、**頭の中に回路**ができて、こうした横ばい相場を上に抜ける陽線のあとは往々にして上昇が続くことをわかっていれば、実際の株式投資で非常に役立ちます。

逆もまた然り。チャート紙芝居でよく予測がはずれて苦手な場面を覚えておけば、実際のチャートに似たような値動きが出たとき、「自分はこの場面、苦手かも」と取引を回避することもできます。苦手克服のためにさらに過去のチャートリーディングに励めば、その弱点を克服したうえで、新たな課題を発見することもできるでしょう。

まずは**「自分が予測しやすい」と思う局面**を見つけて、その長所を伸ばす。余裕ができたら弱点も意識して、その克服に励む。この学習サイクルが効果的です。

23 移動平均線の基本を理解せよ

「包丁一本～♪」という歌もあるように（お若い方はご存じないでしょうか）、寿司職人の道具が包丁だとするなら、株職人である私が肌身離さず持っている武器――いや、道具は**移動平均線**です。移動平均線を使った相場予測、これこそが相場流トレードの真骨頂といえるでしょう。

移動平均線は「平均」という言葉でもわかるように、日々値動きする株価の、ある一定期間の平均値を計算し、その平均値（点）を結んで線にしたものです。

移動平均値に使われているベースの株価は終値です。日足チャートには5日間の平均を示す5日移動平均線や25日間の平均を示す25日移動平均線が表示されていることが多く、週足チャートなら13週、26週といった具合です。この期間を自分の好きなように変えられるチャートツールも多くあります。

移動平均線の仕組みを覚える

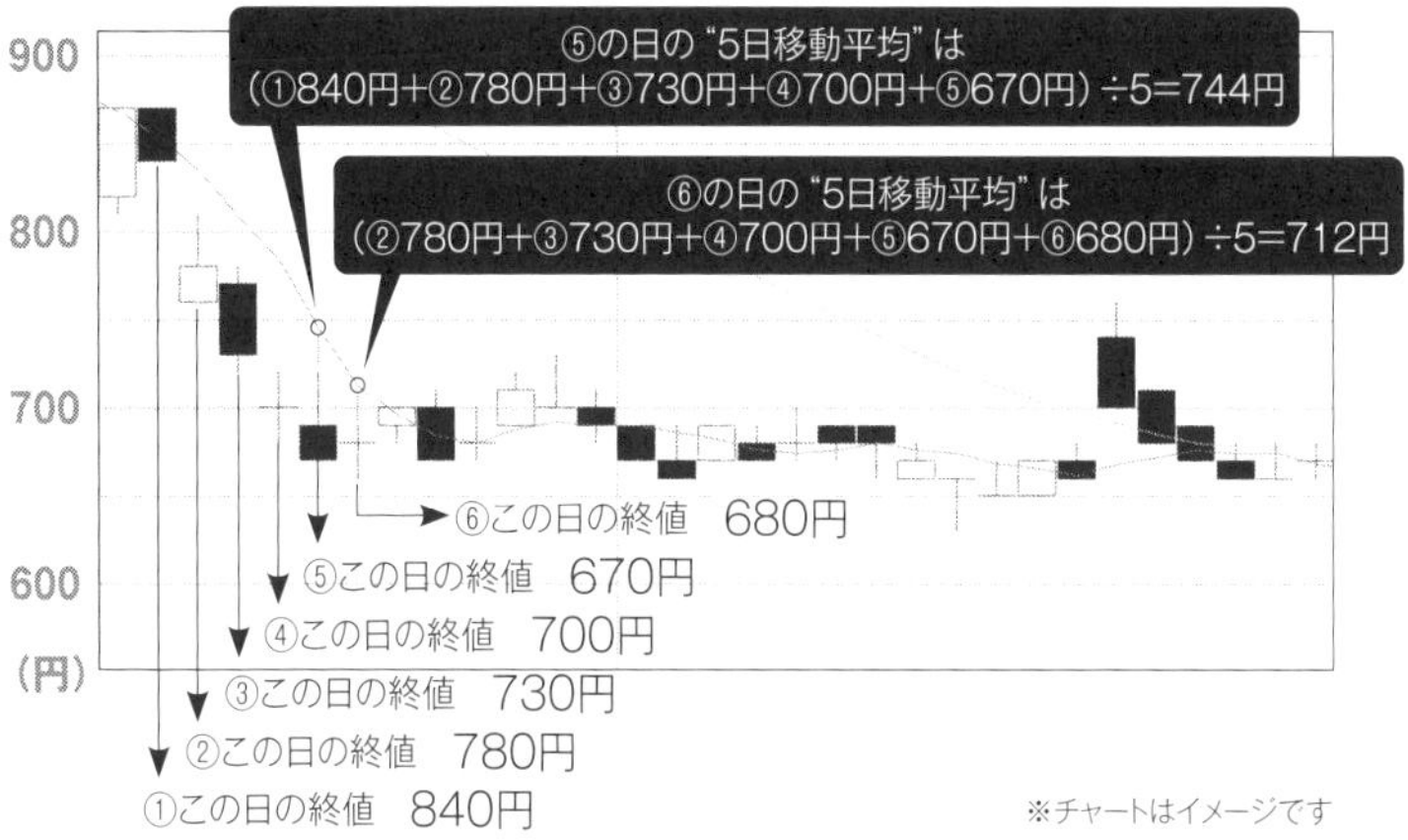

※チャートはイメージです

上の図は、日足チャートの5日移動平均線ができる仕組みを図解したものです。株価の終値が「840円→780円→730円→700円→670円」と推移した場合、「(840円+780円+730円+700円+670円)÷5」で平均値を計算すると744円。この744円が株価の終値が670円だった時点の5日移動平均になります。

では、次の日の終値が680円だったら移動平均値はどうなるでしょうか？ 一番古い840円を除外して、新たにつけた680円を加えて「(780円+730円+700円+670円+680円)÷5」で712円。これが株価680円だったときの5日移動平均になります。この平均値を次々に結んでいったものが5日移動平均線です。

1本ローソク足が増えるごとに、一番古いローソク足の終値を除外し、最新のローソク足の終値を加えて平均値を算出することで、移動平均線は作られます。

終値を平均すると、その期間に株を売り買いした投資家の**平均購買単価**がわかります。たとえば、先ほどのように、株価の終値が680円だったとき、5日移動平均が712円だったとすると、それまでの5日間に株を買った人は平均的には損をしていることになります。逆に売り手は利益が乗った状態ということに。移動平均線が右肩上がりで推移していれば、株価の平均値が上昇していることになるので、上昇トレンドと判断できます。

「向きや傾き」を見るだけで、その期間のトレンドが上昇か下落か横ばいか、一瞬でわかるのが移動平均線の大きなメリットです。

5日の平均値に比べれば、10日や20日の平均値のほうが変化しにくいです。5日線は日々、5日あるうちの1日分の株価が入れ替わりますが、10日線は10日あるうちの1日分、20日線は20日あるうちの1日分しか入れ替わらないからです。この特性を踏まえ、期間の異なる複数の移動平均線を表示させ、売買判断に使います。

24 移動平均線の表示は5日、10日、30日、50日

移動平均線は**株価の値動きをより大局的に俯瞰《ふかん》**できる〝ドローン〟のような存在です。日々のローソク足は陽線だったり陰線だったり、上ヒゲや下ヒゲが伸びたり、前日から大きく**「窓」**（ローソク足とローソク足の間にできる空間のこと。前日終値と当日始値が離れた動きを示します）を開けて上昇・下落したり、時に〝暴れ馬〟のように動き回ったりもします。その動きだけを追いかけて、次の方向を予測するのは難しいものです。

そこで一歩下がって、遠くから値動きの本質を見抜くために使うのが移動平均線ということになります。ローソク足の終値の平均値ですから、「ややこしく動いているけど、結局、**株価はどっちに向かっているの？**」という一番肝心な点を把握することができるところがいい。私は移動平均線を愛しています。

移動平均線で大切なのは、**どの期間の移動平均線を表示させるか**です。現在の相場流ト

レードでは、日足チャートには期間「**5日、10日、30日、50日**」という4本の移動平均線を同時に表示して、その傾き、並び、株価との位置関係から相場の流れを読むことにしています。

過去には「5日、20日、60日」という設定を使っていた時期もありましたが、より値動きに対する反応がいい「5日、10日、30日、50日」に落ち着きました。

「**5日**」は祝日がない場合、1週間の営業日数になります。投資家心理は土日をはさむとシャッフルされ、一区切りつくことが多い期間。「**10日**」は、その倍ですので約2週間の株の流れを示したもの。「**30日**」は約1カ月半、「**50日**」は約2カ月半の期間設定ということになります。

この「5、10、30、50」という設定は日足以外に、より時間軸の短い5分足や1時間足チャート、週足チャート、月足チャートでも使います。

ネット証券などで使えるチャートツールの移動平均線の初期設定は、週足なら「13週」「26週」「52週」、月足なら「9カ月」「24カ月」「60カ月」になっていることが多いです。「5、10、30、50」に変更しておきましょう。

相場流で使う移動平均線は日足が決め手

一般的な日足		相場流の日足はこの期間！	週足	月足
5日	➡	5日	5週	5カ月
25日 （土曜日も平日だった時代は25営業日＝約1カ月だった）	➡	10日	10週 （約2カ月半）	10カ月
75日 （土曜日も平日だった時代は75営業日＝約3カ月だった）	➡	30日 （約1カ月半）	30週 （約7カ月半）	30カ月 （2年半）
100日 （土曜日も平日だった時代は100営業日＝約4カ月だった）	➡	50日 （約2カ月半）	50週 （約1年）	50カ月 （約4年）

25 ローソク足と移動平均線は恋人

移動平均線はローソク足の平均値ですから、**期間が短い移動平均線ほど直近のローソク足の値動きの影響を受けやすく**なります。ローソク足は上下に激しく動きますが、不規則でイレギュラーな動きも平均値の一部として移動平均線に取り込まれ、吸収されていきます。そのため、ローソク足が平均値の移動平均線から離れすぎると、移動平均線がそのあとを追いかける（またはローソク足が移動平均線のほうに戻る）動きが見られます。いったん離れたのに、再び両者が寄り添う形になるのはよくあること。ローソク足と移動平均線はある意味、〝付かず離れずの恋人のような関係にある〟というわけです。

移動平均線の注目ポイントとして「傾き」も見ておきましょう。上向きの移動平均線は、その期間の株価の平均値が少しずつ上昇していることを示します。つまり、**移動平均線の傾きが右肩上がりなら上昇トレンド、右肩下がりなら下落トレンド、横ばいのときは横ば**

いトレンドと判断すれば○Kです。**傾きの角度**も大切です。傾きが急なときは株価の勢いが強く、ゆるやかなときはおだやかなのだな、というふうに見ることができます。

たとえば64ページの図のように、「5日、10日、30日、50日」という期間の異なる移動平均線がすべて上向きのときは5日から50日の株価の平均値が上昇中ということですから、上昇の勢いは非常に強いと見なすことができます。

また、一時的に株価が下落しても、株価の平均値自体は長期間にわたって上昇しているので、「やがては戻る（上がる）」といった判断もできます。株価が、下のほうにある上向きの移動平均線までいったん下がる動きは**「押し目**（株価の調整局面という意味です）」と呼ばれます。そこで買えば「再上昇を狙った押し目買い」となります。

反対に、期間「5日、10日、30日、50日」の移動平均線すべてが下向きのときは、下落の勢いが強いのでカラ売りでの勝負が成功しやすくなります。一時的にローソク足が上昇して移動平均線にぶつかったところは、再び株価が下がりがち。それを狙った**「戻り売り」**のエントリーポイントとして有効です。

移動平均線の方向に沿ってローソク足が動く

「上向き」なら上昇トレンド

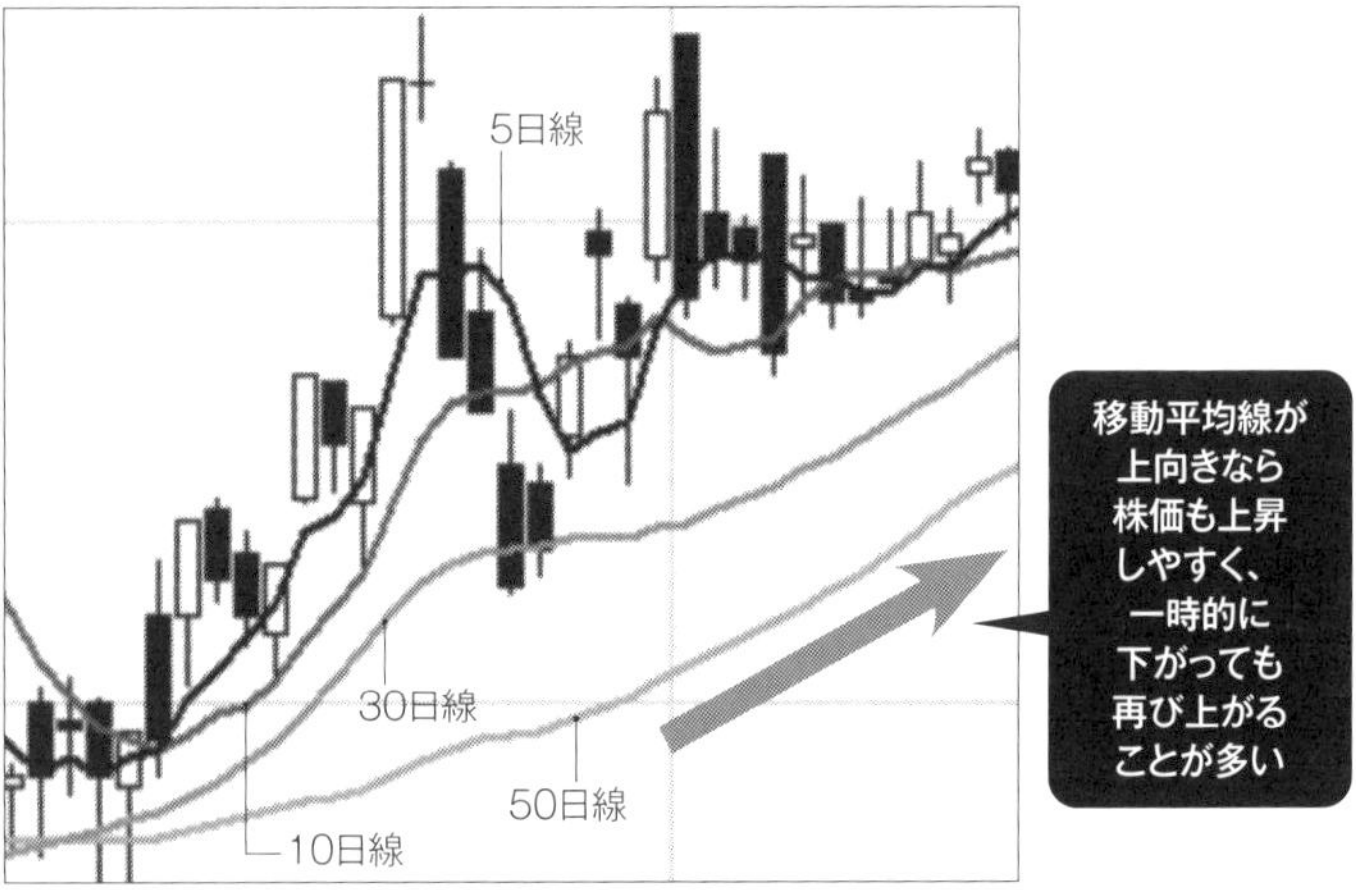

5日線
30日線
50日線
10日線
移動平均線が
上向きなら
株価も上昇
しやすく、
一時的に
下がっても
再び上がる
ことが多い

「下向き」なら下落トレンド

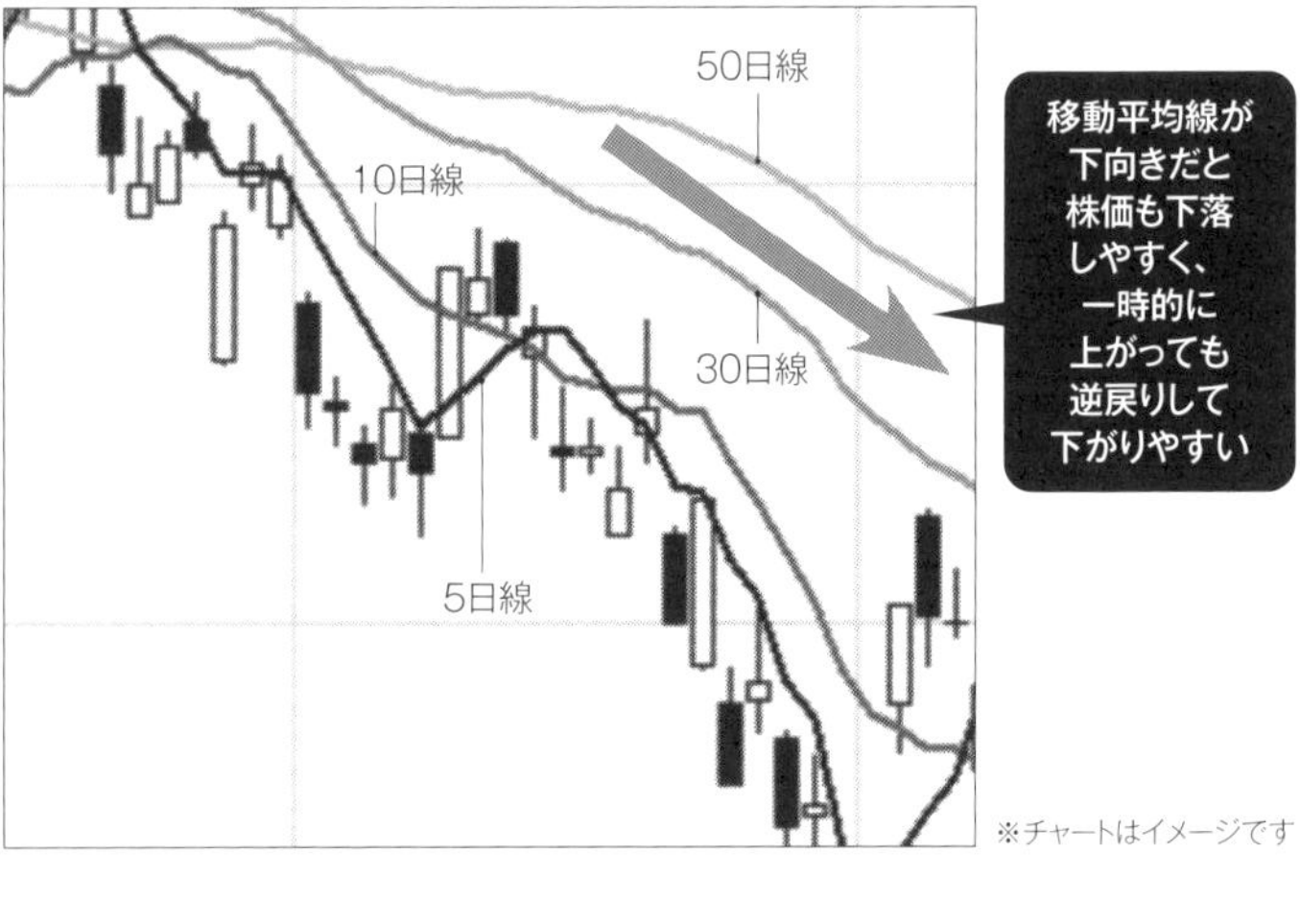

50日線
10日線
30日線
5日線
移動平均線が
下向きだと
株価も下落
しやすく、
一時的に
上がっても
逆戻りして
下がりやすい

※チャートはイメージです

26 移動平均線「だけ」で俯瞰せよ

移動平均線の長所は、ちょこまか動くローソク足を1本のシンプルな曲線に〝抽象化〟できることです。ローソク足だけだとランダムに見える**値動きの〝エキス〟や〝エッセンス〟を抜き出したものが移動平均線**といってもいいでしょう。

相場流ではその性質を生かし、ローソク足を消した**「移動平均線『だけ』チャート」**もよく使います。白黒（陽線、陰線）が入り乱れ、上ヒゲ・下ヒゲが乱舞する複雑なローソク足を消すことで、全体の流れがすっきり頭に入ってくるのが、「移動平均線『だけ』チャート」のメリットです。

66ページの下のグラフがローソク足を隠した「移動平均線『だけ』チャート」です。どうですか、短期線（5日線など）と中～長期線（10日線、30日線など）という移動平均線だけを追うと、見やすくなるでしょう。

株価乱高下ならいったんローソク足を消す

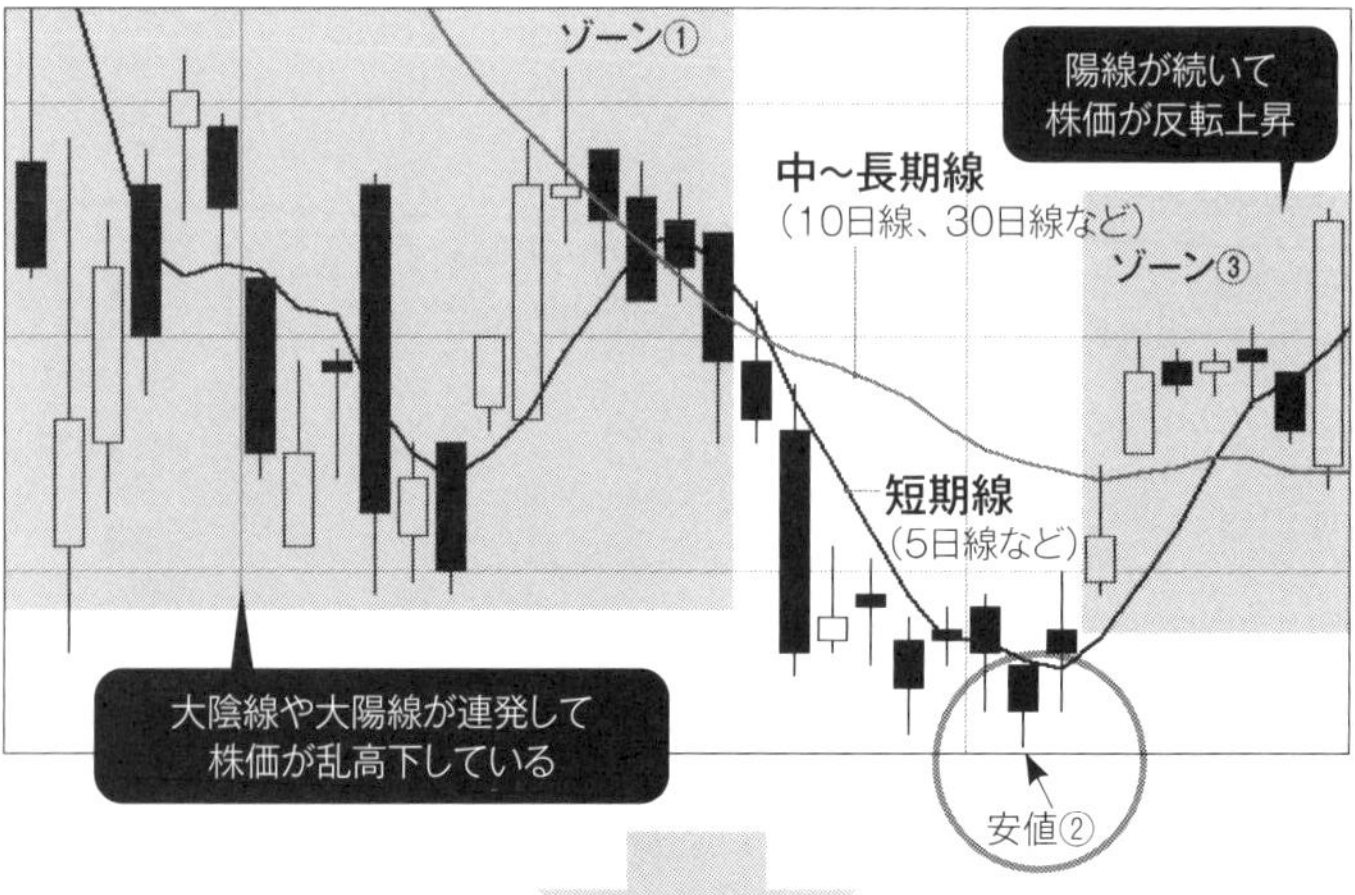
ゾーン①
陽線が続いて
株価が反転上昇
中～長期線
(10日線、30日線など)
ゾーン③
短期線
(5日線など)
大陰線や大陽線が連発して
株価が乱高下している
安値②

複雑な値動きも移動平均線だけ見ると単純

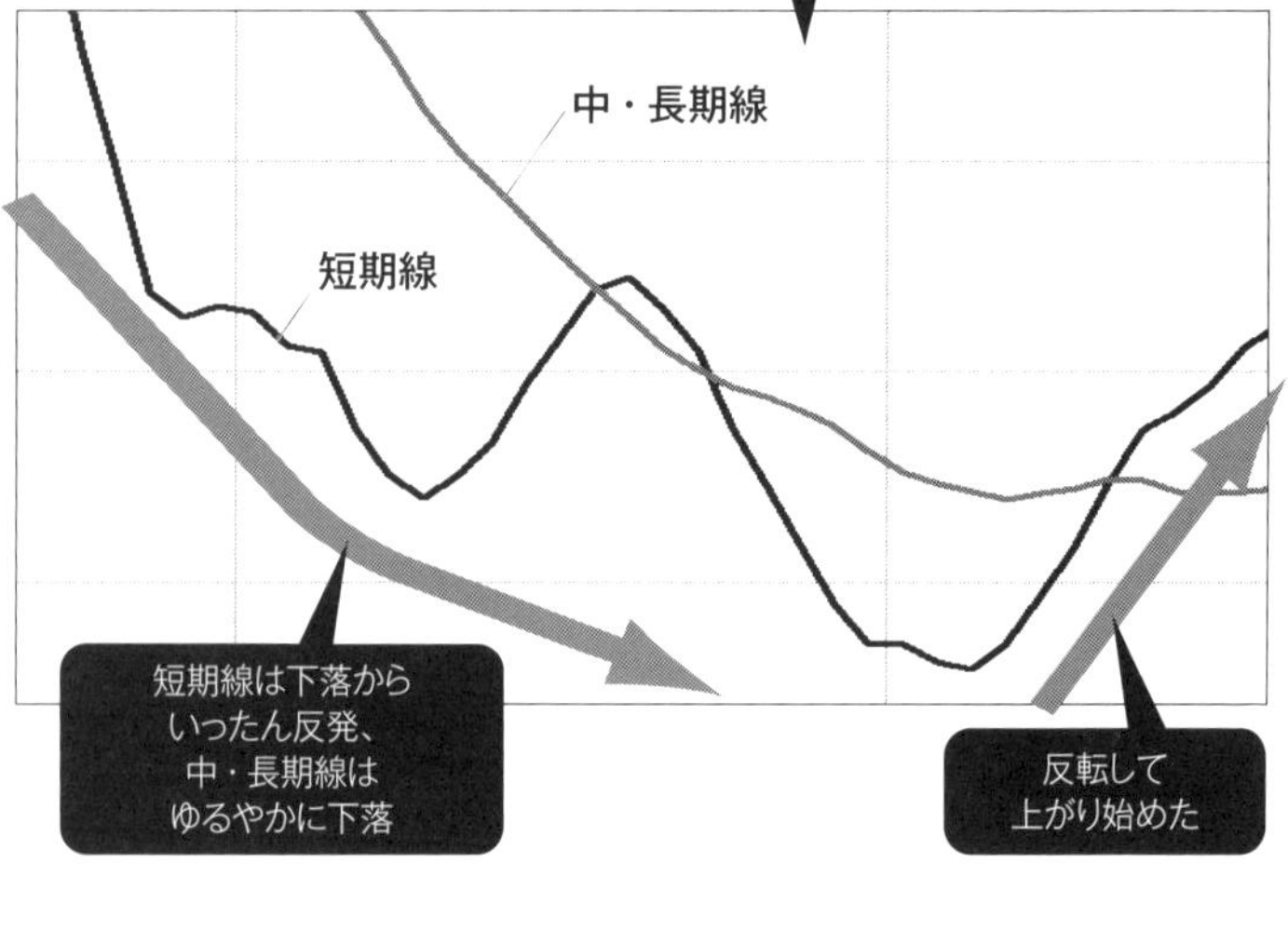
中・長期線
短期線
短期線は下落から
いったん反発、
中・長期線は
ゆるやかに下落
反転して
上がり始めた

画面左側では下落傾向でしたが、画面右3分の1あたりで下向きの角度が少しなだらかになり、短期線に関しては上昇含みとなっていることがわかります。そして短期線がはっきりと上昇。中～長期線の傾きも下向きから横ばいに転じています。

この図の上がローソク足も移動平均線も表示させたものですが、株価の乱高下で読みづらければ、図の下のように移動平均線だけ見ればよいのです。

なお、ローソク足に惑わされることなく、短期線だけを見ていたら、上の図のゾーン①で短期線が上向きに転じるまでは売り継続と判断します。短期線が上昇し、再び下落したタイミングでまた売り注文を入れ、安値②で利益確定をします。

ゾーン③では、短期線が上向きに転じているので新規に買い注文を。その後、短期線が中・長期線を突き抜けて上昇しているので、買い継続と判断できます。

いったんローソク足を消す「移動平均線『だけ』チャート」は、相場流の中でも人気の判断テクニックです。**中・長期線の傾きで売買の方向性を決め、短期線の上下動でタイミングを決めれば**、移動平均線だけでも十分。慣れると、移動平均線を見るだけで、ローソク足が今どんな値動きをしていて、どの位置にいるかもわかるようになります。

27

「見ないものは見ない」の極意

ローソク足に惑わされることなく値動きの本質をつかむ技が、掟26でも解説した「移動平均線『だけ』チャート」。相場流では「見ないものは見ない」とも呼んでいます。

チャートからローソク足を消し、日足チャートなら**5日線、10日線、30日線、50日線という4本の移動平均線だけで値動き全体の流れ、方向性、強弱を大局的に分析**します。

69ページの図は私の得意銘柄、日本郵船の「移動平均線『だけ』チャート」。上の図は上昇トレンドが始まって終わるまでの5日線、10日線、30日線、50日線の動きですが、この形は本当によく登場するので、頭に焼き付けてください。

まずは50日線が横ばいの中、5日線が10日線上で反転上昇。①で30日線、50日線も上抜けて上昇が始まっています。②の部分では、いったん5日線が下落していますが、そのまま大きな下落トレンドになるか、それとも、どこかで再び上昇に転じるかは、その後の値

移動平均線だけを見れば全体を把握しやすい

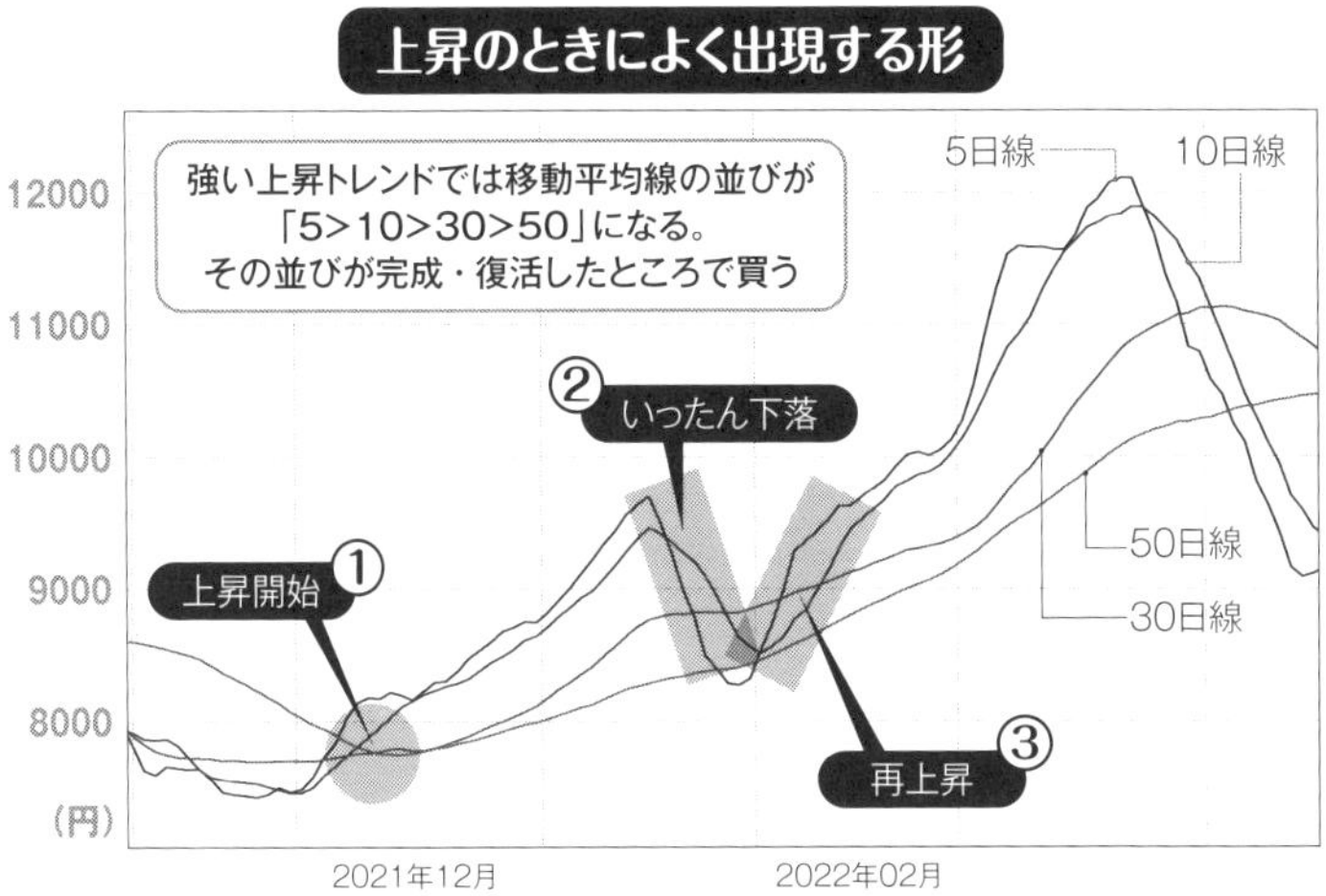

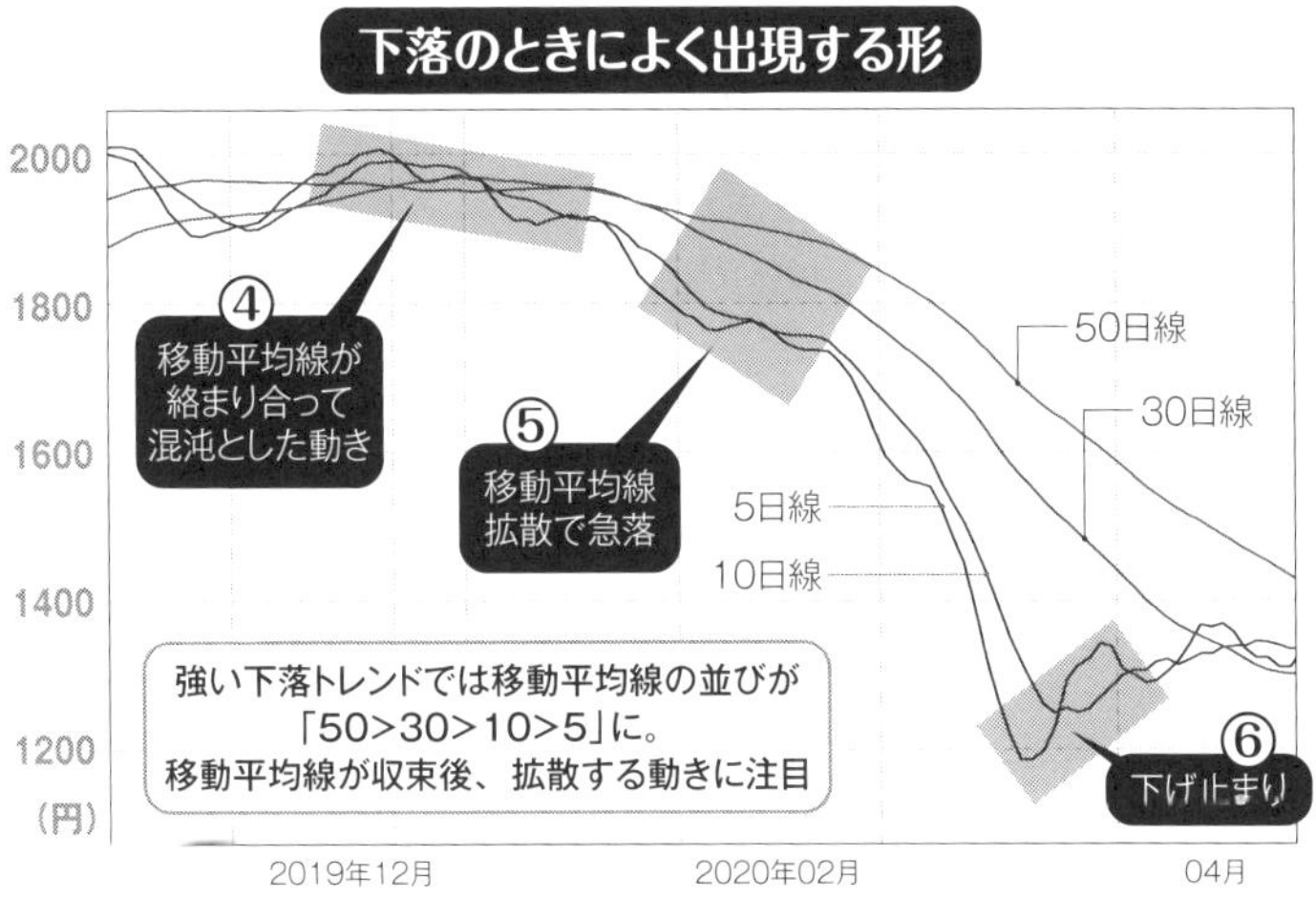

日本郵船(9101)日足チャート

動き次第です。③で5日線、10日線が反転上昇しましたので、「中期的に上昇が続きそうだな」と判断できます。**強い上昇が続く局面では、移動平均線の並びが「5日線＞10日線＞30日線＞50日線」**になっていることにも注目しましょう。さらに、**移動平均線同士の間隔が広がっているときは、上昇が加速**していることを示します。画面右側では5日線、10日線が急降下し、上昇トレンドが終焉を迎えました。

　下のチャートは、高値圏で横ばい相場が続いたあと、急落に転じるときに頻出する移動平均線の動きです。④の**混沌《こんとん》とした動き**は、やがて激しい値動きにつながることが多いので待ちかまえます。5日線、10日線が上昇できず、30日線、50日線が横ばいから下向きに転換したことを考えると、下落トレンドに向かう流れが有力なのは明らかです。その後、⑤のゾーンで、収束した移動平均線が互いの間隔を広げつつ下向きに降下。この動きが本格下落トレンドの始まりです。**「50日線＞30日線＞10日線＞5日線」という下落トレンドの並びが続く間は強い下げ**が継続。⑥の時点で5日線、10日線がともに上向きに転じ、急落が一服しました。下落トレンドが終了する兆しが出ています。

　このように「見ないものは見ない」ことで、売買ポイントがわかりやすくなるのです。

28 ビールでわかる結論ありきの上達法

ビールをジョッキに一つ一つ注いでいく動作を何万回も繰り返すと、たとえ電気が消えて真っ暗な中でも、ビールをこぼさず注げるようになるといわれます。もし最初から真っ暗闇で練習していたら、そんな〝曲芸〟は100万回練習しても不可能でしょう。

株式投資も同じ。まずは、過去の事例をもとに、**「答え」がすでに見えた状態で何度も繰り返しやってみるのが近道**です。結果がすでにわかっている状況で、結果がどうなるか考えてみる。結果がすでにわかっているので容易に〝正解〟にたどりつきます。

答えがわかった状態の問題を解くことで学べるのは、答えにたどりつくための「問題の解き方」です。〝答えがわかった状態でやっても意味ないじゃん〟と思いますか？　しかし、答えがすでにわかった問題の解き方を体で覚えることで、「答えがわかっていない状態でも、こうなったらこうなるはず」という予想ができるようになるのです。大学受験のための勉強で、過去の問題を『赤本』で繰り返し解いたことがある人もいらっしゃるでしょう。解き方を覚えるのももちろんですが、何度も何度も解くことで体が反射的に「あ、この問題はこう解く」と手が動くようになります。あの感覚を株式投資のための勉強でもやっていくイメージです。

29 「ああなったらこうなる」の脳内回路を作れ

答えが見えた状態で問題を解き続けることで、「問題→答え」という思考の流れがしっかりできあがると、答えがわからない状況でも**「ああなったらこうなる」という回路**が脳内で自然とできあがります。

73ページの図の左側を見てください。5日線と10日線が上向きの中、いったん5日線が下がって10日線に近づいたあと、大陽線が出現したら上昇再開で買い、という売買パターンがあるのですが、それをシンプルな形にしたものです。このパターンをさまざまな銘柄

「ああなったらこうなる」の代表例

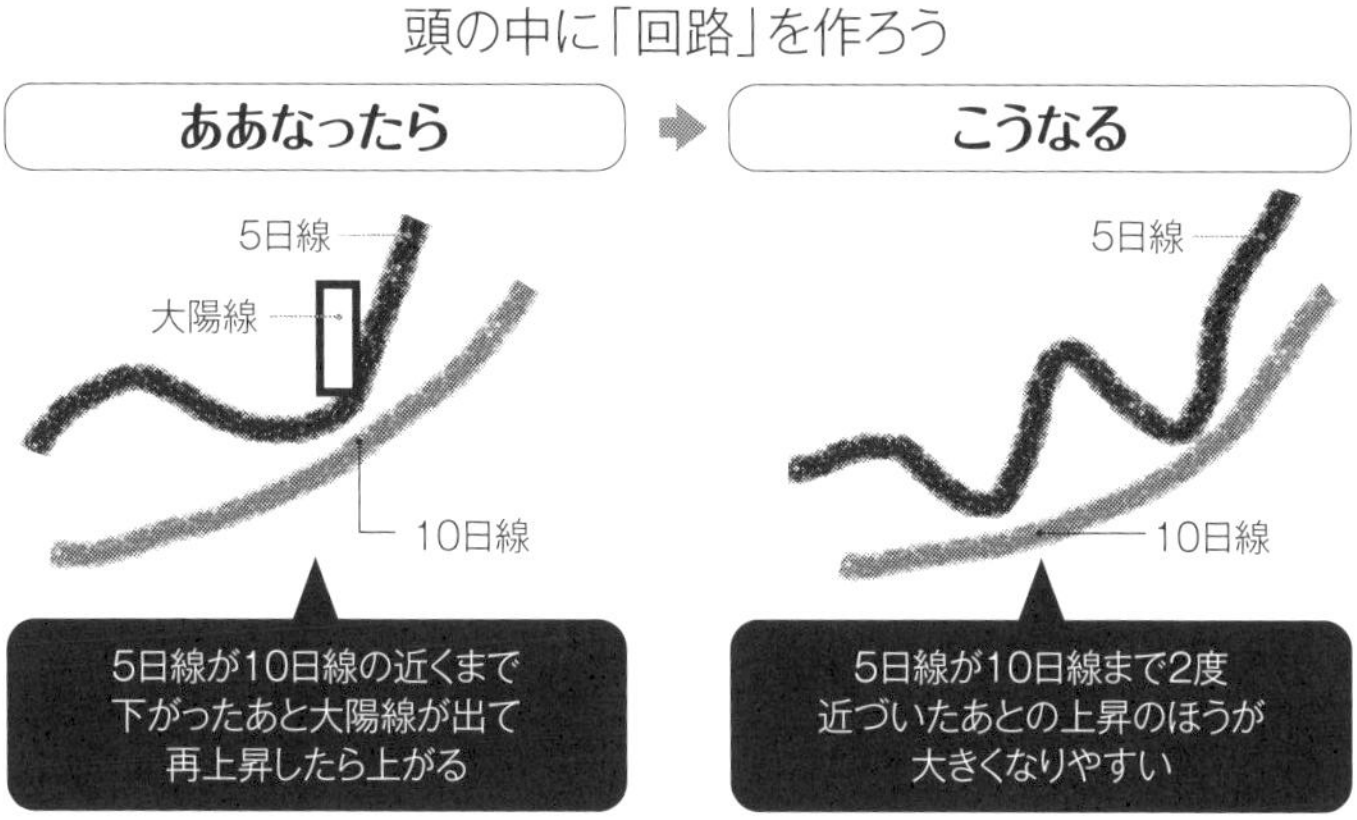
頭の中に「回路」を作ろう
ああなったら
こうなる
5日線
大陽線
10日線
5日線
10日線
5日線が10日線の近くまで
下がったあと大陽線が出て
再上昇したら上がる
5日線が10日線まで2度
近づいたあとの上昇のほうが
大きくなりやすい

の過去のチャートで見ておけば、5日線が上向きの10日線に1～2回、近づいたあと上昇に転じたときは急上昇しやすいという値動きのパターンに気づくようになるでしょう。

1回近づくより2回近づいたほうが、本格的な上昇トレンド入りや株価急騰の号砲になりやすいということも、過去のチャートを何度も見ていれば気づくはずです。

一つの型を繰り返し覚えることで自然と応用技も使えるようになります。「ああなったらこうなる」という基本回路を脳内に作ることで、「こうなっているのだから、次はああなるはず」という柔軟な予想ができるようになるのです。

30 移動平均線の「並び」でトレンドをつかめ

移動平均線の計算では、5日移動平均のほうが10日移動平均に比べて、最新の1日＝直近の株価の終値が、全体の平均値に占める割合が大きくなります。そのため、期間が短い移動平均線ほど、株価（ローソク足）に近づこうとする性質が強くなります。

株価の上昇が続いて、終値がどんどん切り上がっているような上昇トレンドのときは、一番上に株価があって、その下に5日線、その下に10日線、30日線、50日線がともに上向きで、きれいな順番で並ぶことになります。つまり、期間の異なる移動平均線の「並び」に注目することで、その時々の株価の方向性がわかるということ。

移動平均線が「5日線＞10日線＞30日線＞50日線」の並びでいずれも上向きのときは完璧な上昇トレンド。逆に「50日線＞30日線＞10日線＞5日線」で下向きの並びのときは完璧な下落トレンドと判断できます。

5日線と10日線の位置と変化を見る

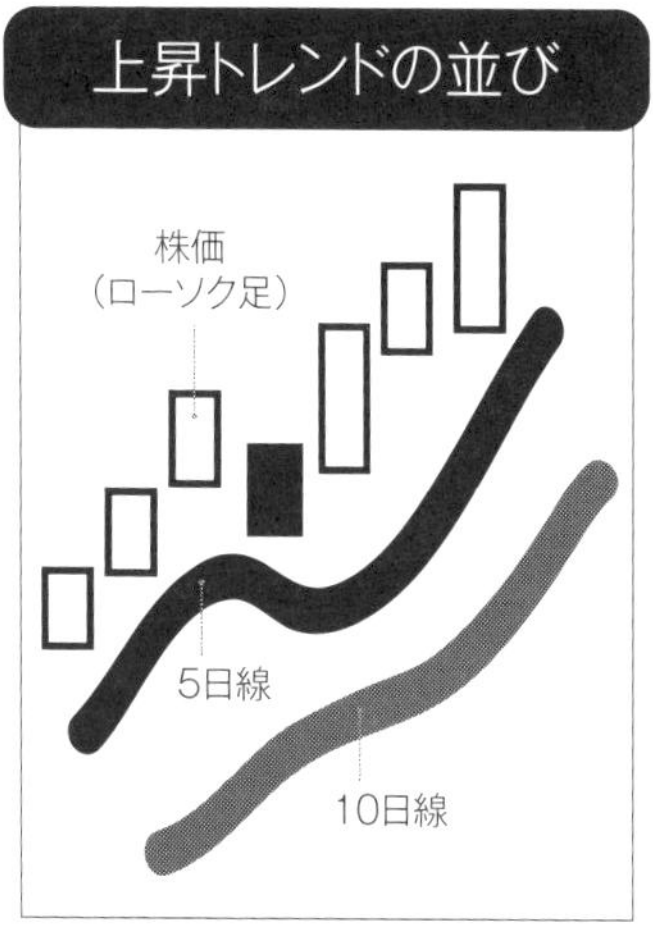

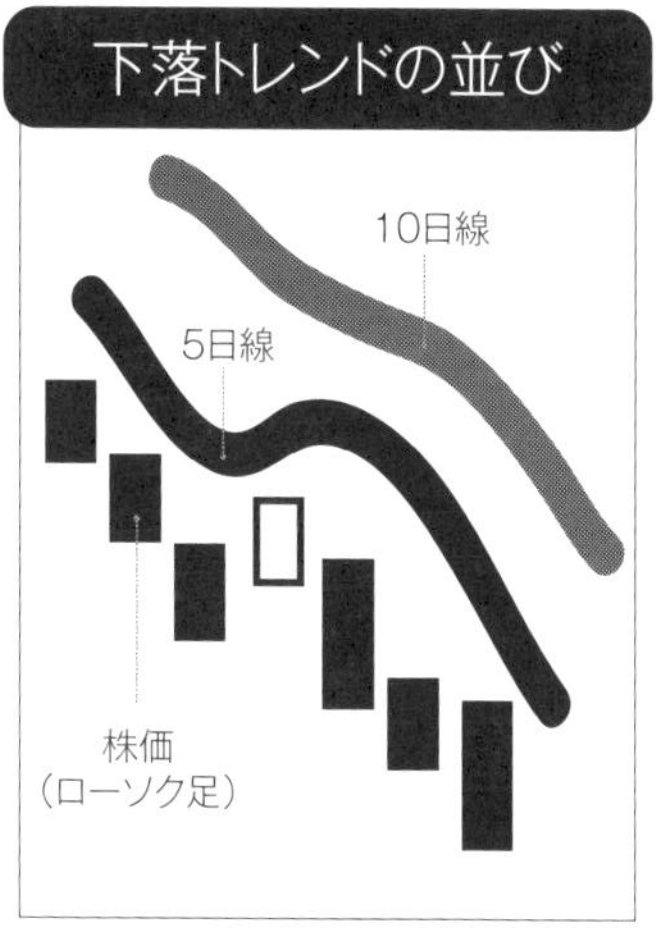

上昇トレンドからの変化

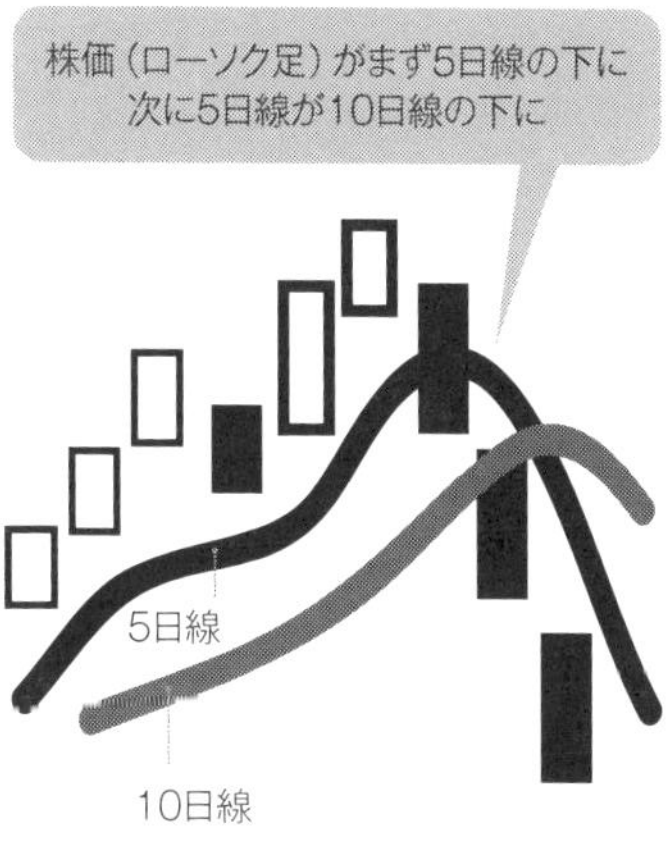

下落トレンドからの変化

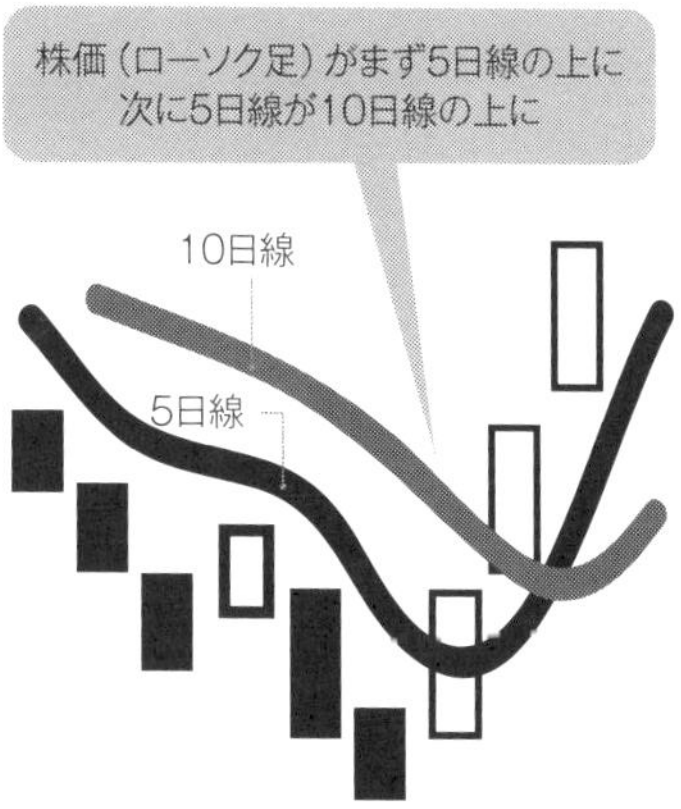

たとえば、5日線、10日線が上向きのときに一時的に5日線が下向き転換して10日線近辺まで下落したとしましょう。これは期間の長い移動平均線が示している大きな流れに5日線が逆らって逆方向に向かおうとする動きです。しかし、10日線の上向きの流れが強ければ、5日線は流れに逆らうのに疲れて、再び長い期間の上向きの流れに戻ろうとします。そこが買いの絶好の狙い目になります。

その逆もあります。5日線が10日線を割り込んで下落し、つられて10日線も下向きに転じた場合、株価は5日線の下で勢いよく下落していますので、トレンド転換の兆しになります。移動平均線の並びや向きの変化は売買タイミングを測る判断材料になるのです。

31 移動平均線で相場転換を察知せよ

移動平均線の並びが「5日線＞10日線」のときは上昇が続いている証拠なので買いで勝負、「10日線＞5日線」のときは下落が続いているので売りで勝負というのが、株価の流れに逆らわない売買法になります。

しかし、上昇や下落が一定期間続いたあとには、反対方向への動き、すなわち**トレンド転換**が起こることもあります。**こういった動きも移動平均線の並びの変化に注目しておけば、事前に察知することが可能**です。

78ページの図は、上昇トレンドまたは下落トレンドが継続したあと、トレンド転換するときの株価（ローソク足）と5日線、10日線を示したもの。いずれもソニーグループのチャートです。

上昇トレンド継続中は「株価＞5日線＞10日線」という並びが基本形になります。そして、5日線が10日線の近くまで下がったあと、再び上昇に転じるところが買い注文を入れる絶好のチャンスになります。そのとき、株価は5日線を下から上に抜けて、上昇に転じているはずです。

つまり、株価が5日線を割り込み、5日線も下向きになったが、再び株価が5日線を上に抜け、5日線も上向きに転換したところで買えば、上昇トレンドが復活する初動の動きに乗って利益を伸ばせるわけです。これが**押し目買い**の代表的な手法です。

「トレンドが変わったら反対売買」の例

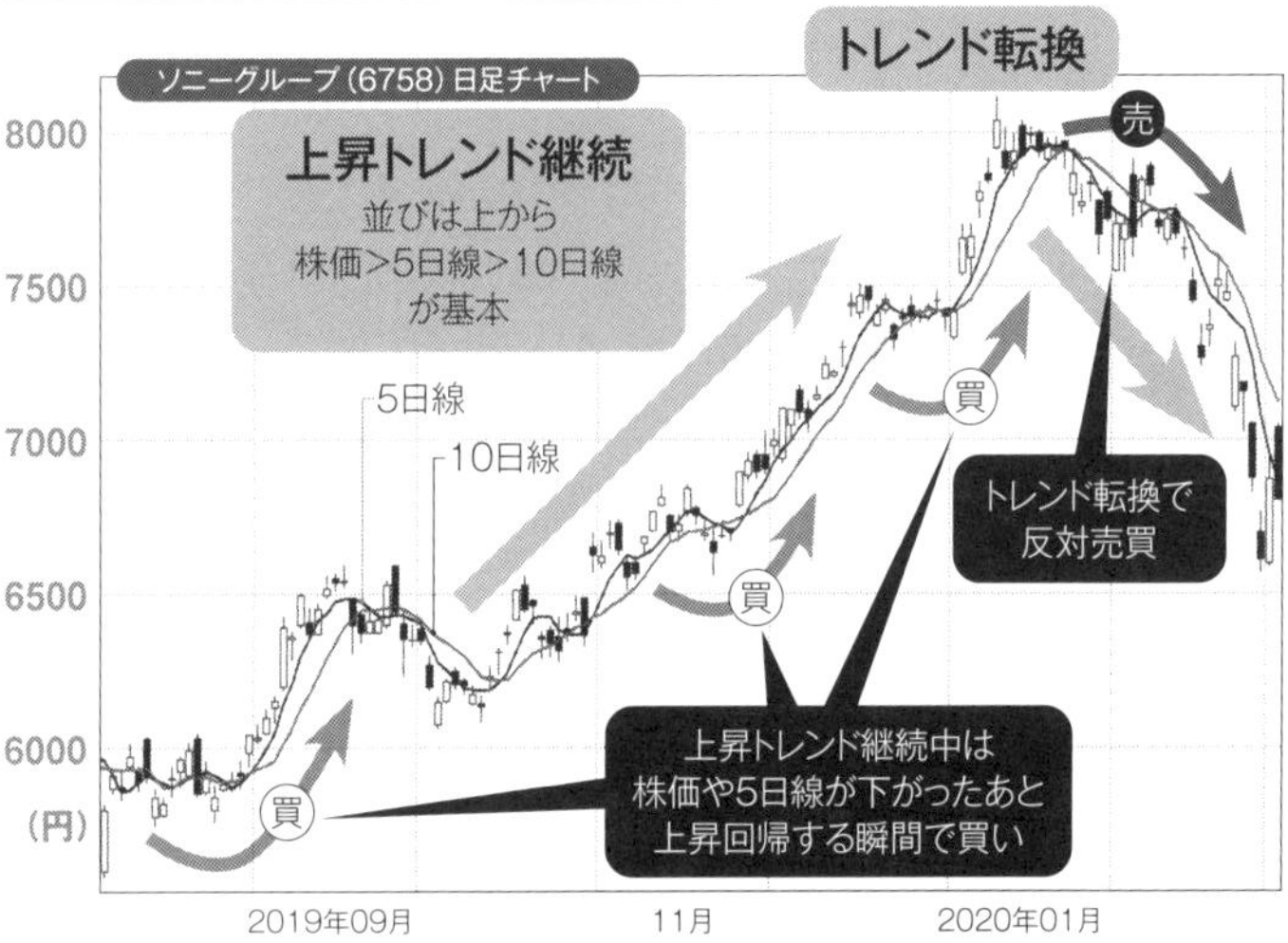
ソニーグループ(6758)日足チャート
トレンド転換
上昇トレンド継続
並びは上から
株価>5日線>10日線
が基本
5日線
10日線
売
買
買
買
トレンド転換で
反対売買
上昇トレンド継続中は
株価や5日線が下がったあと
上昇回帰する瞬間で買い
8000
7500
7000
6500
6000
(円)
2019年09月
11月
2020年01月

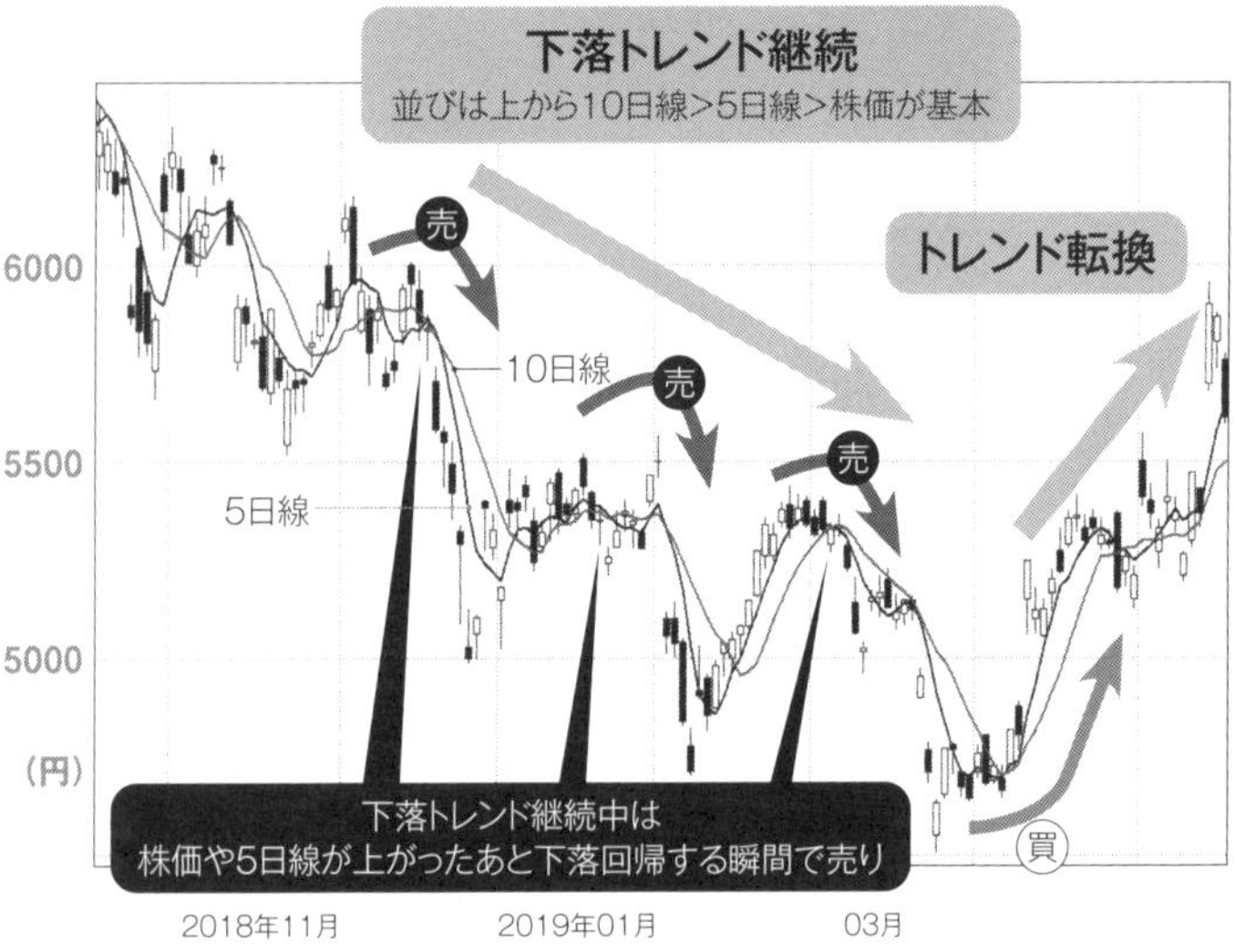
下落トレンド継続
並びは上から10日線>5日線>株価が基本
トレンド転換
売
売
売
買
10日線
5日線
下落トレンド継続中は
株価や5日線が上がったあと下落回帰する瞬間で売り
6000
5500
5000
(円)
2018年11月
2019年01月
03月

ただ、株価の下落が止まらない場合、5日線はさらに下落して10日線を割り込み、株価と移動平均線の並びが「10日線＞5日線＞株価」という下落トレンドの並びに変化することでしょう。それ以降も株価の下落が続き、5日線だけでなく、10日線も下向きに方向転換したら下落トレンド入りの可能性が高くなります。10日線が横ばいから下向きに転換したあたりで、カラ売りでエントリーするチャンスを探すことになります。

78ページの下の図は下落トレンドが継続したあと、上昇トレンドへ転換するときの株価と5日線、10日線の動きを追ったチャートです。

下落トレンド継続中は「10日線＞5日線＞株価」となります。その流れの中で、5日線が一時的に上向き転換して10日線に近づいたものの、再び下落したところが戻り売りポイントとして監視したい局面です。

その後再び株価が上昇し始め、5日線が10日線の上に抜け、「株価＞5日線＞10日線」という上昇トレンドの並びが完成したあたりで、トレンド転換に乗った新規買いを狙っていきます。上がっても下がっても儲ける。移動平均線の並びや向きの変化に注目することで、トレンドの継続や転換に乗りながら稼いでください。

32 移動平均線の中~長期線だけ表示してトレンド継続を判断せよ

株価（ローソク足）は日々変動するので、株価だけ見て「これから上がるか下がるか」を判断するのは初心者の方には難しいものです。そこで値動きの激しいローソク足と、一番短い5日線を消して、10日線、30日線、50日線だけを表示する方法をお教えします。

株価の上昇が続いているときの並びは「10＞30＞50」になっているはずです。その並びが続いている限り、ローソク足の上昇も続いているわけですから、**いつトレードしても利益が出ます**。

もしくは、それ以外の並びから「10＞30＞50」に移ったとき、すかさず買いを入れれば、その後、「10＞30＞50」の並びが続く限り、利益を伸ばすことができます。

81ページの図はトヨタ自動車の日足チャートです。ローソク足も表示した上の図を見ると、全体から見れば上昇していますが、途中、ローソク足が横ばいになったり下がったり

わかりにくい上昇トレンド時の売買ポイント

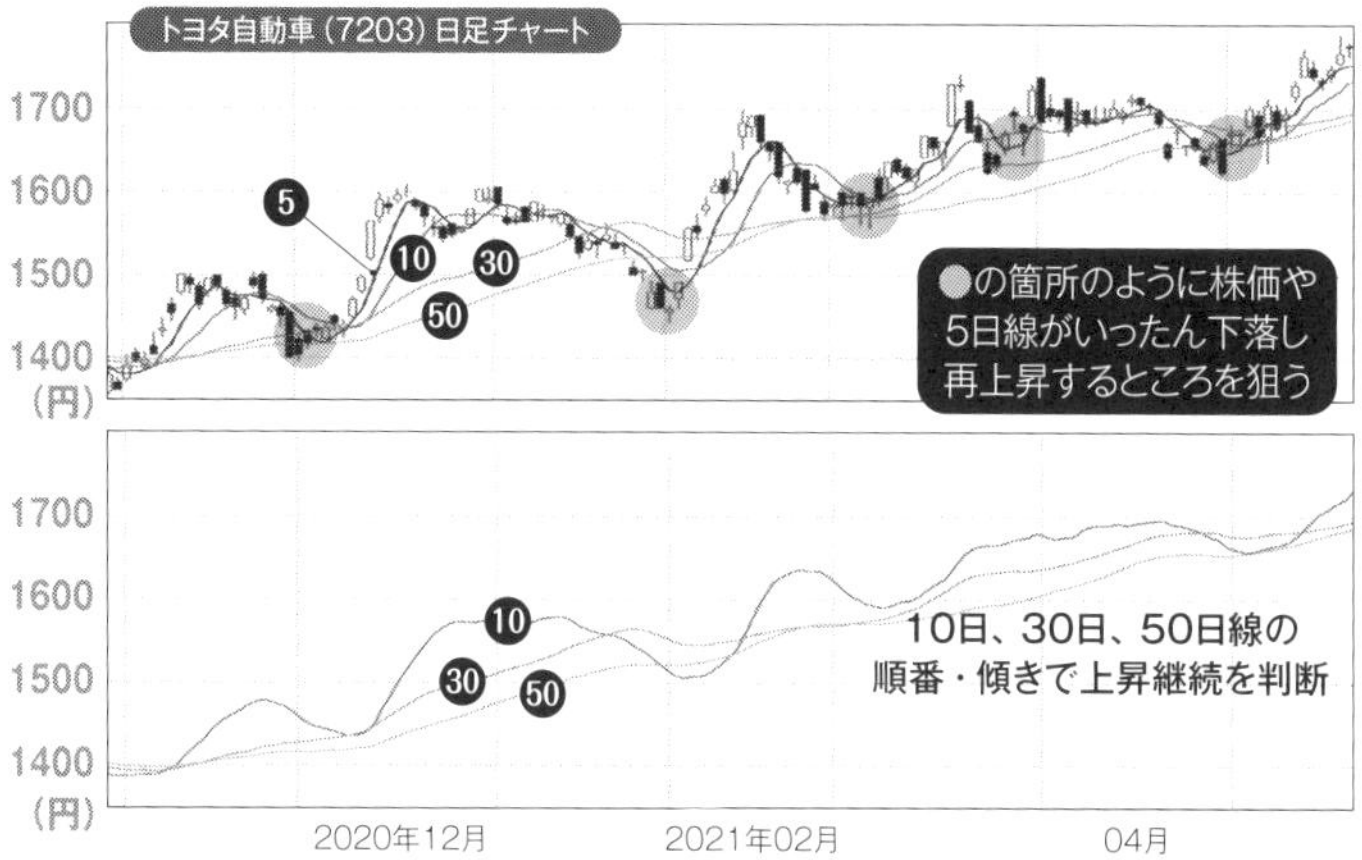

している箇所もあって、買いポジションを保有していたら不安になりそうです。

ここでローソク足を除いた下の図を見れば、「10＞30＞50」という不動の並びを確認でき、安定した右肩上がりが続いていることがわかりやすくなります。株価自体は上がったり下がったりを繰り返しているものの、この移動平均線の順番と傾きなら結局、ずっと上げ基調でいけそうだと判断できるわけです。

そうとわかれば話は早い。移動平均線がほかの並びから「10＞30＞50」という完璧な上昇トレンドの並びに移行した瞬間や、その並びが崩れそうになって再び元に戻った瞬間を狙い、注文を入れましょう。

33 移動平均線の傾きでトレンドの強弱・変化を見よ

移動平均線の順番だけでなく、その傾きに注目するとトレンドの強弱や変化も読み取ることができます。

83ページの図は上下とも東レの日足チャートですが、上のチャートのⒶや下のチャートのⒷの地点以降、移動平均線が「5日線＞10日線＞30日線＞50日線」の並びに変化して上昇トレンドが鮮明になっており、初心者でも買いから入りやすい絶好のポイントになっています。

ただ、その後の移動平均線の傾きに注目してください。上のチャートでは、移動平均線の傾きが同じ上向きでも、**途中から急角度に変化**しています。

これは株価の上昇が加速したことで、期間の短い移動平均線ほど株価の動きに引っ張られてぐんぐん上がったことにより起こったもの。移動平均線の上向き加減がそれまでの期

安定的な上昇トレンド時の売買ポイント

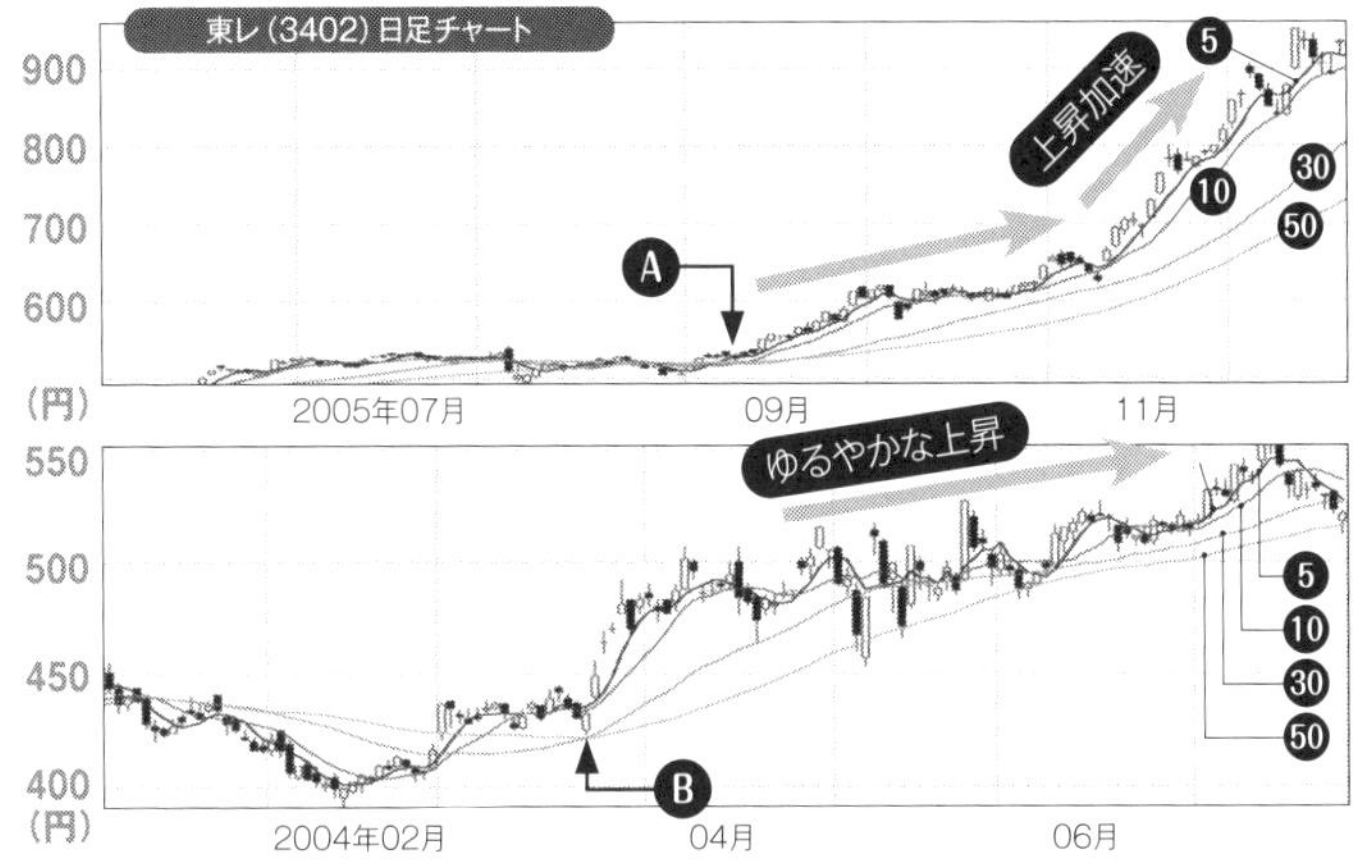

間より急角度になり、**短い移動平均線と長い移動平均線の間隔が広がっている**のは、株価が急上昇モードに〝確変〟したシグナルというわけです。

下のチャートの場合、「5日線＞10日線＞30日線＞50日線」という上昇トレンドの並びは崩れていないものの、その傾きは上の図に比べてゆるやかになっています。やはり株価の上昇ペースも上のチャートに比べてのんびりしています。

移動平均線の傾きや長い移動平均線・短い移動平均線の間隔に注目すると、トレンドの強さや弱さ、加速や失速、継続や変化についてもビビッと察知できるのです。

34

50日線の「上か」「下か」「向き」を活用せよ

相場流トレードの日足チャートで使用する「5日線、10日線、30日線、50日線」の中でも、**一番期間の長い50日線の傾きに注目**すると、大きな流れに乗った安定性の高いトレードができます。

85ページの図は、ロート製薬が下落トレンドからトレンド転換して、大きく上昇していった約7カ月間の値動きを示したものです。画面左側で下落トレンドが継続しているときの移動平均線の並びはおおむね「50日線＞30日線＞10日線＞5日線」です。図の①の場面ではいったん株価（ローソク足）が50日線の上まで上昇しますが、ふるい落とされます。②、③で再度、50日線越えを果たしますが、あえなく下落。

この間の50日線の傾きに注目すると、ずっと下向きのままです。これは、中長期的に株価の50日間の平均値が下落している中、直近の株価だけが上昇していることを示していま

50日線の傾きや株価の位置で流れをつかむ

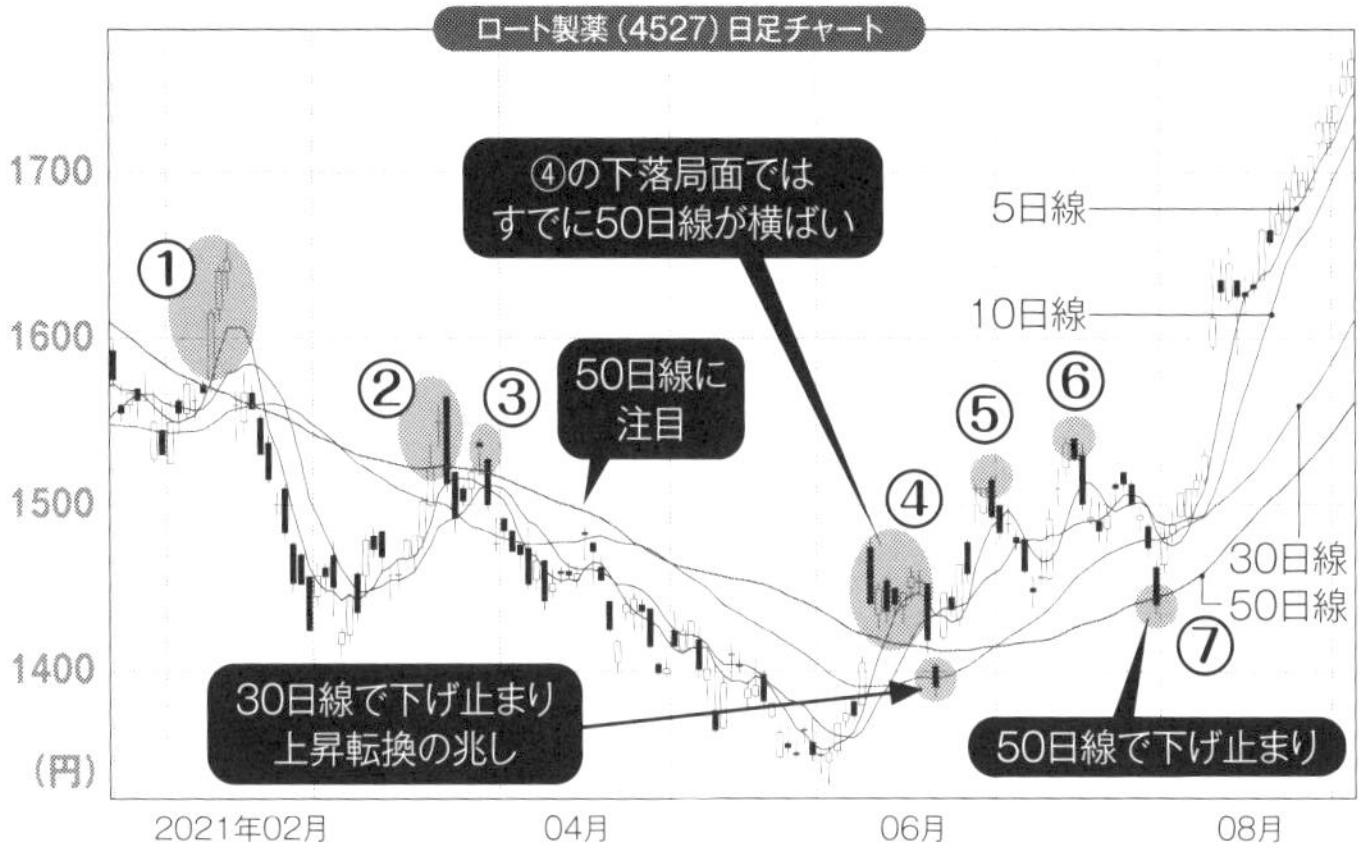

す。そんなときは、たとえ一時的に株価が上昇しても、再び下落してしまう可能性が高いと考えたほうがいいわけです。

株価の流れをさらに追っていくと、④で再度50日線を突破します。このとき、50日線はいまだ下向きですが、その後、株価は30日線で下げ止まっています。

この動きは非常に重要。というのも、このような下げ止まりが起こると、**50日線が下向きから横ばいに変化しやすくなる**からです。株価がそれほど下がらず横ばいで推移しているわけですから、平均値も下がらないのは、算数の頭で考えれば自明のことです。

その後、⑤、⑥の地点で高値をつけたあと、再び下落しますが、今後は⑦のポイントで50日線を割り込むことなく下げ止まり、そこから反転上昇しました。

株価が50日線の上で推移すればするほど、50日間の株価の平均値は以前と比べて高くなるので、**やがて50日線も上向き**になっていくものです。

⑦で下げ止まった株価はそのまま急上昇を続け、移動平均線もすべて上向きになって急角度の上昇トレンドが始まりました。

移動平均線の中で最も反応が鈍い50日線が下向きから横ばい、そして上向きに転じるためには**長い時間**を要します。しかし、動きの遅い50日線がいったん上向きになると、そこから長期間、株価の上昇が続く可能性も高くなります。

ここで取り上げた**50日線を使った本格上昇トレンド入りの判断**は、ロート製薬特有のものではありません。日本株、外国株、商品先物、外国為替を問わず、すべての市場取引で共通して使える手法です。大局的な投資判断をする際には、必ず**価格が50日線の上で動いているか、下で動いているか、そして、50日線自体の傾きが上か下か**に注目して、売買戦略を立ててください。

35

100日線まで見てこそ本物になる

50日線以上に**期間の長い100日線**を表示して、株価や期間の短い移動平均線の100日線に対する動きに注目すると、より大局的な観点から取引できます。とにかく安全性の高いトレードを求めるなら、売買チャンスは減るかもしれませんが、100日線も使ってみることをおすすめします。

では、100日線の何を見るか？　やはり一番重要なのは傾きです。100日線がきれいな下向きなのに、株価が流れに逆らって上昇している場合、「いずれ下落するだろう」とまず考えます。「いずれ」ですから明日になるか、3週間後になるかはわかりません。

100日線が下向きでも10日線、30日線、50日線がそろって上昇していると、「上昇力が強い」と思いがちです。そこに落とし穴があるかもしれません。**ここで10〜50日線が100日線より上で動いているのか、下で動いているのか**に注目してください。

「株価が100日線より上か下か」も見るといい

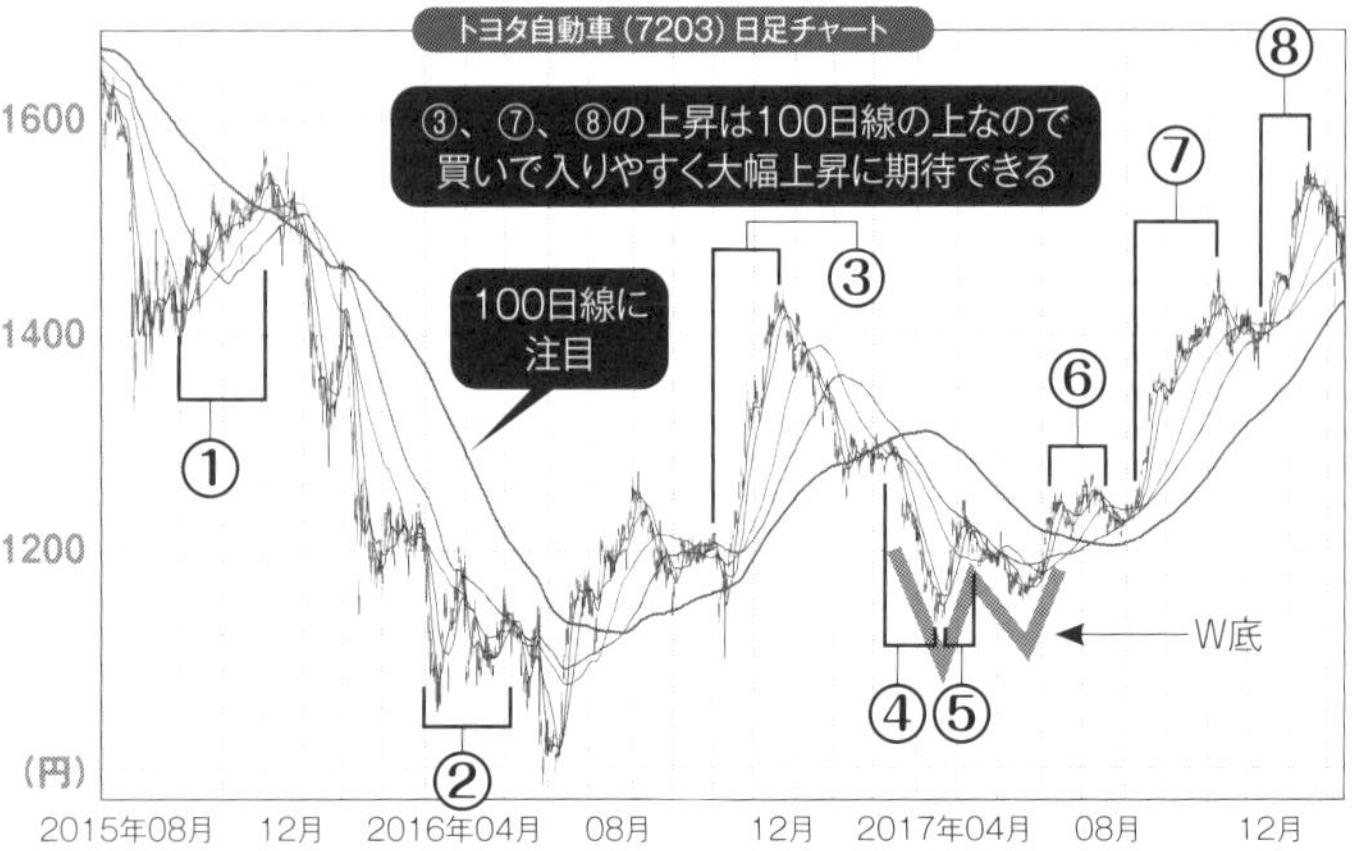

具体例を示しましょう。上の図はトヨタ自動車の約2年半におよぶ日足チャートです。

図の①、②、⑤の期間は多かれ少なかれ上昇していますが、**株価は100日線の下にあり、100日線自体も下向き**です。そんな局面では、「上昇は長くは続かない」と考えます。もし買っていたら、保有期間は短めにして早めに利益確定しましょう。

一方、**株価が100日線の上にあって、100日線自体も上向き**に転換している③、⑦、⑧の上昇局面は〝大きめに取れそうだ〟と判断します。

④の下落局面は高値から下落してきて100日線近辺でもみ合ったあと、100日線を

割り込んで下落し始めたので、「大幅に下落するのではないか」と予測します。

⑥のもみ合いは、その直前に大きなW底を形成したあと、**株価が100日線の上に出てきた局面**です。W底完成もあって30日線、50日線が上向きに転じましたが、株価はなかなかしっかりとした上昇トレンドを作ってくれません。もし、この場面でトレードしていたとしたら、非常にやりにくく不安を感じると思います。

そこで100日線の出番です。100日線の傾きが下向きから横ばいに転じていることが確認できれば、〝上昇トレンドが加速するかも〟と期待できます。実際、株価は⑥の横ばい期間を経て、⑦以降の急騰局面に移行し、しっかりした上昇トレンドを形成。100日線も上向きに転換しました。

5日線、10日線、30日線、50日線だけ使ってもトレードで勝てます。しかし不安定な値動きの中で判断を迫られることもあります。そんなとき、より期間の長い100日線を加えると、③、⑦、⑧のような、**トレンドがしっかりして、稼ぎやすい場面**だけを厳選して売買できるようになります。

より大局的なトレンド判断ができるようになる、というわけです。

36 上昇相場を取るために「想像」せよ

相場流トレードの思考法は**なんでも結果から逆算**します。答えを先に見ることで問題の解き方を学び、その解き方をベースに未知なる問題に立ち向かいます。

では、株で買って儲かるのはどんなときでしょう。それは、すべての移動平均線が上向きで、その上をローソク足が勢いよく上昇しているときです。

では、その「結果」にたどりつくためにはどうすればいいのか。逆算して考えてみてください。移動平均線がすべて上向きで「5日線＞10日線＞30日線＞50日線」と並んだときが買いで大儲けできる最高の状況のわけですから、**最高の状況になる〝手前〟で買いを入れれば大きな利益**を得ることができます。

何事も「完成形」がしっかり把握できていれば、その直前を狙うのが最も手っ取り早く、しかもおいしいのです。ローソク足だけを見て全体的には上昇していても、たまに下がったり横ばいになったりすると不安になって、いろいろ妄想してしまいます。その先を判断するための確かな想像力を身につけるには、まず移動平均線だけをチェックして、ローソク足の値動きの本質を見抜くことが一番の近道なのです。

37 ラクなほうに考えると成功するのが株

「自分はどんな難しい問題でも解ける」と語る〝自称有能な〟人ほど、本当は簡単なことも小難しく複雑に考えるようです。移動平均線の並びが「5日線>10日線>30日線>50日線」という完璧な上昇トレンドを示しているのに、「いや、いつ何時、金融危機や核戦争が起こって大暴落するかわからない」と、ひねくれた考え方をしたりします。

しかし、大切なのは、**移動平均線が示す流れに身をまかせる**ことです。無理に流れに逆らわず、シンプルに、ラクなほう、ラクなほうに物事を考えていったほうが成功しやすいのです。日本人は苦労や頑張りが大好き。それが日本人の美徳ともいえるでしょうが、株式投資は別物です。結論が明確なほう、より簡単でわかりやすいほうに値動きをとらえたほうが最終的には儲かります。

38 株価の一生は「五重奏」――終値線も駆使せよ

ローソク足は陽線と陰線で始値と終値が逆になったり、長い上ヒゲや下ヒゲがたくさんあるため上がっているのか下がっているのかわかりにくかったり、使いこなすのが難しい道具です。そこで初心者の方におすすめしたいのが、ローソク足の代わりに**株価の終値だけを結んだ「終値線」**を活用したトレードです。ローソク足が発する複雑すぎる値動きのニュアンスを排除して、純粋な終値の曲線だけで値動きの変化を追いかけられます。

たとえば、これまで下落していた株価が上昇に転じるとき、終値線と5日線・10日線の間にはどんな変化が起こるでしょうか。93ページの図は、その変化を①から⑤のステップに分解したもの。まずは株価が反転上昇する際、必ず最初に起こるのは下向きだった終値

終値線と移動平均線でわかる株価のプロセス

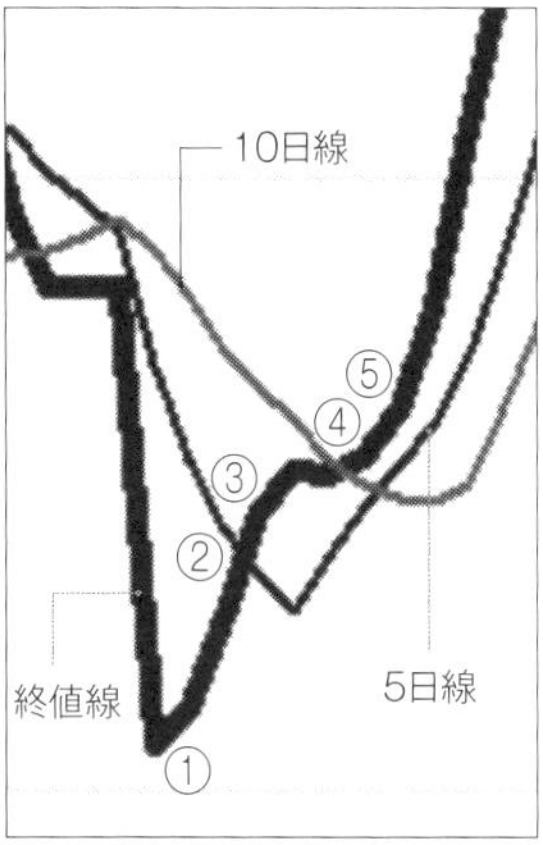

相場流・株価の五段階変化

株価が下がっている状態から上がるまでのプロセス

①終値線が折れて上向く
②終値線が5日線にぶつかる
③終値線が5日線を越える
④終値線が10日線にぶつかる
⑤終値線が10日線を越える

線がVの形で折れ曲がり、反対方向に向かう動き（①）です。次に起こるのが5日線にぶつかる動き（②）、その次に起こるのが5日線を越えてさらに上昇する動き（③）。このあたりで「そろそろトレンドが変わるのではないか」と疑い、打診買いを入れてもいいでしょう。さらにその上にある10日線にぶつかり（④）、10日線を越えていく動き（⑤）が出れば、株価の反転上昇が完成します。終値線と移動平均線だけを表示したシンプルなチャートだからこそ株価が反転上昇する初動をいち早く察知できるようになるのです。これぞ株価の「五重奏」。その音色に耳を澄ませるようになりましょう。

39 終値線を表示して底打ち反転をキャッチせよ

終値線を表示して売買判断するときは、**終値線と5日線の位置関係**で株価の流れを判断していきます。95ページの図は、終値線と5日線、10日線、30日線、50日線が表示されたチャートです。画面左側の上昇のあと、終値線が横ばいに転じ、下落。そして急上昇したあとに再び下落し、画面右側の最後で反転上昇に転じています。

このチャートには表示されていない「未来」を終値線の助けを借りて予想してみましょう。①のポイントで終値線が折れ曲がって反転。ここが直近の反発上昇の最初の起点になっています。その後、どうなるか？　①の折れ曲がりが発生したあと、第二段階で起こるのは**上昇に転じた終値線が上にあった5日線にぶつかる**という動きです（②）。

このあと、5日線を飛び越えて上昇するのが第三段階（③）。さらにその上にある10日線にぶつかったら第四段階、10日線を上に越えたら第五段階です。段階を踏むごとに株価

終値線の表示で株価上抜けを察知

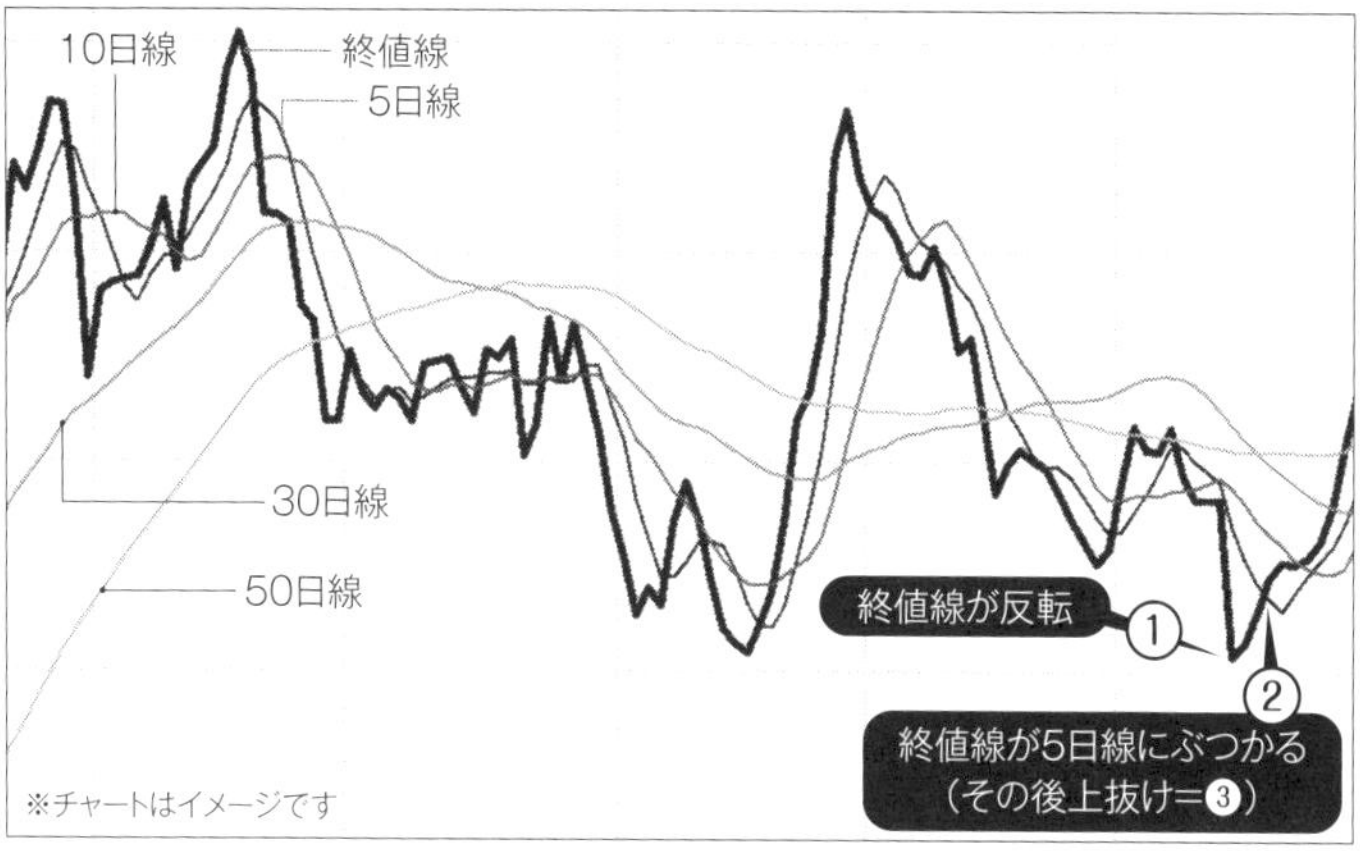

の上昇に確信が持てるようになっていきます。第五段階まで来たら、どんな初心者の方でも「そろそろトレンドが変わるんじゃないか」と疑うことができるでしょう。

私なら、終値線が5日線にぶつかった②の時点で「ここで買えるんじゃないか」と考えます。少しだけ買い注文を入れて様子を見るのもいいでしょう。

初心者は**終値線の10日線越えという第五段階**まで待ったほうが安心かもしれません。終値線を表示することで、段階を追って底打ち反転のタイミングをとらえることができるようになります。底打ち後の利益を取るための視界をクリアにする道具が終値線なのです。

40 終値線の「バルタン」「逆バルタン」を使いこなせ

相場流トレードで終値線を使う場合に覚えておきたい、とっておきの売買シグナルがあるので紹介しておきましょう。それが「**バルタン**」と「**逆バルタン**」です。

若い人はご存じないかもしれませんが、昭和世代の方ならくすりと笑っていただけるのではないでしょうか。『ウルトラマン』に登場する2本のツノを生やした、ものすごく強い宇宙人として有名な「バルタン星人」から命名した売買シグナルです。

97ページの図を見てください。「終値線が相場の**天井圏で上がる↓下がる↓上がる↓下がるというMの字**を描いて、バルタン星人の2本のツノのような形になると、その後、相場が反転下落」。これでバルタンの完成です。

株価は上がったり下がったりしますから、もちろん逆バージョンもあります。

「終値線が相場の**大底圏で下がる↓上がる↓下がる↓上がるという逆Mの字**を描いて、逆

バルタンで天井、逆バルタンで大底

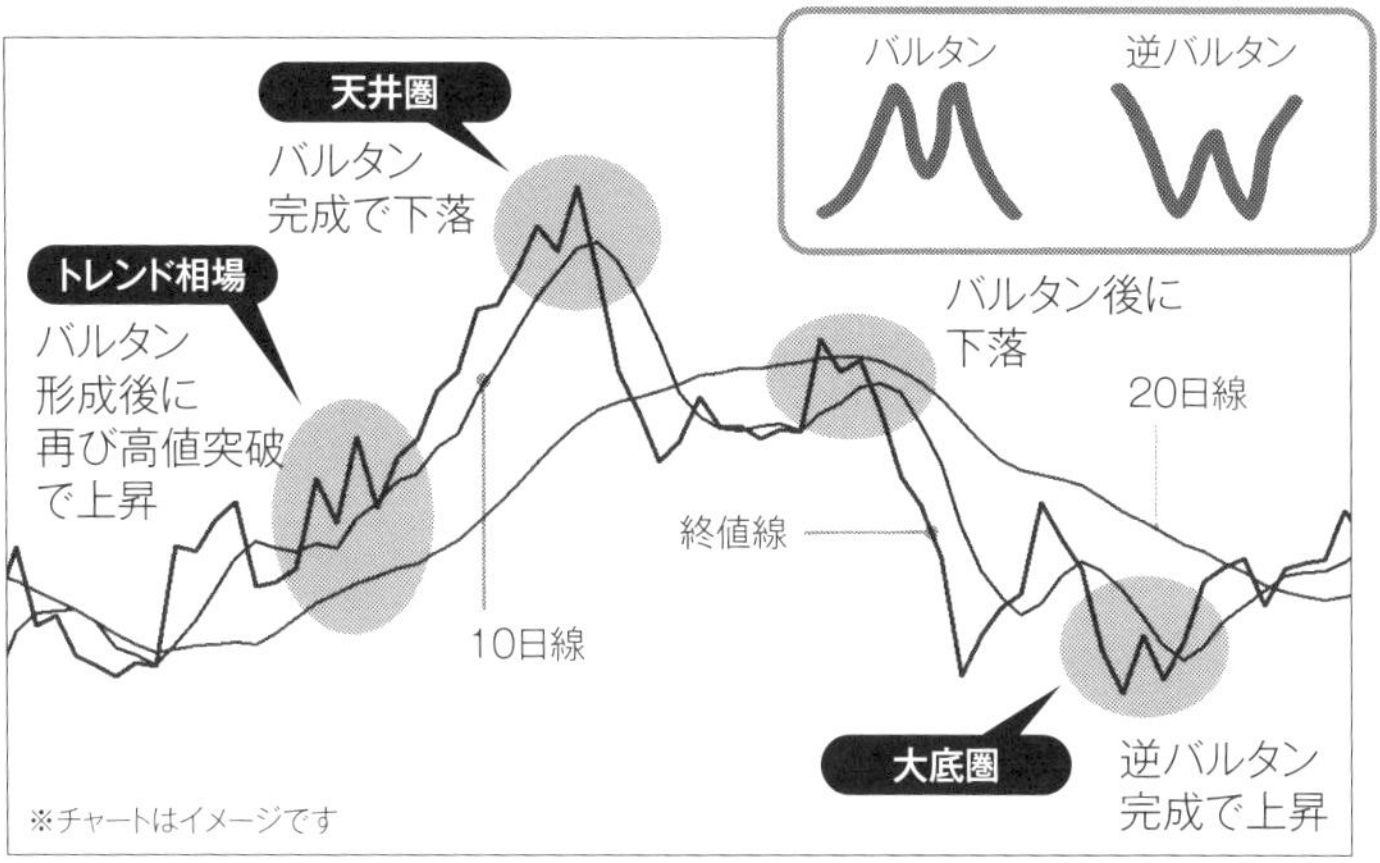

さまになった2本のツノの形になるとその後、相場が反転上昇」。これでめでたく（？）逆バルタンの完成となります。

バルタンは上昇相場が煮詰まって、2回、上値抜けにトライしたものの、結局は売りの圧力に跳ね返されて、ほぼ同じ価格帯で上げ止まってしまった状態を示しています。

ローソク足のチャートパターンで有名な「ダブルトップ」と同様の形ですが、ローソク足の上ヒゲ（高値）などではなく、**終値ベースでしっかり上げ止まりを確認**できるところに安心感があります。また終値線はシンプルな1本の線なので、2本のツノをより素早く鮮明に見つけ出せる点もメリットです。

逆バルタンは下落トレンドが終わり、底打ちして上昇トレンドに転換するときに登場することの多い反転シグナルになります。チャートパターンの「ダブルボトム」と同様の形ですが、こちらも終値線で見たほうがローソク足の組み合わせで判断するより、鮮明でわかりやすくなります。

トレンドが煮詰まってこれ以上、一方通行の動きを継続できないときに出現したバルタンや逆バルタンは**トレンド転換の前兆**として、とても貴重なシグナルといえるでしょう。

一方、まだトレンドが始まったばかりの初動段階では、バルタンが発生したあと、再び上昇して、2本のツノが示す高値を越えて上昇が加速するケースも起こりやすくなります。**バルタン形成後に再び高値を突破したら、上昇トレンド加速の明確なシグナル**と見なすのも正しい使い方です。

トレンドが煮詰まっているか、それともフレッシュな状態でまだまだ続きそうかで判断が真逆になりますが、こういったことも知っているか知らないかであなたのトレードが変わります。トレンド転換やトレンド加速シグナルとして重宝しますので、ぜひ実戦でも使いこなしてみてください。

第3章

相場流 株価トレンド命中の掟

41 チャートの高値・安値を常に意識せよ

株価予測に必要な道具としてはローソク足、移動平均線とともに「**過去の高値・安値**」も非常に重要です。チャートを見たら必ず現在値に最も近い「**前（直近）の高値・安値**」はいくらなのかを確認しましょう。また、過去を少しさかのぼって、「一番高い**最高値**・一番安い**最安値**」の位置にも気を配りましょう。

株価は上がったり下がったりを繰り返しますが、全体として上昇トレンドをキープするためには、ジグザグの山の部分に相当する「前の高値」を更新し続けなければなりません。たとえ上昇中に下落しても、ジグザグの谷の部分にあたる前の安値を割り込まず再び上昇に転じることも大切です。

101ページの図の「①高値を越える」を見てください。この値動きのように、高値の更新が続く銘柄の場合、**前の高値を抜けたところや前の高値で下げ止まって反発したとこ**

直近の高値、安値と売買タイミング

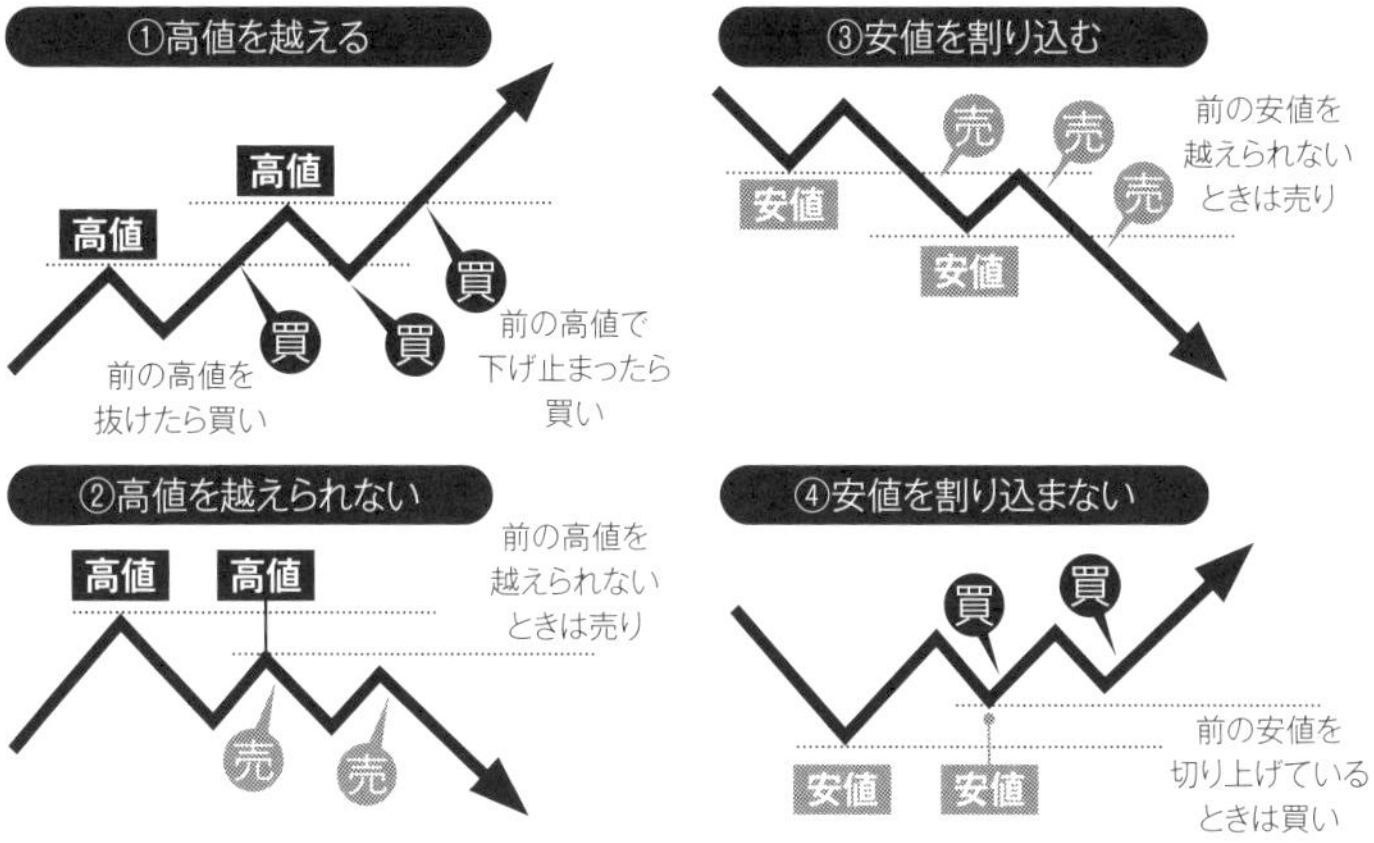

ろが買いで入るポイントになります。高値の更新こそ、株を買って高値で売り抜けて利益を出すための原動力なのです。

「②高値を越えられない」の場合、上昇力が弱いわけですから、売りと判断します。下落トレンドの場合、②の動きのほか、「③安値を割り込む」のように、前の安値を割り込んで下落する動きや、**前の安値まで反転上昇したものの再び下落する動きが続きます。前の安値を割り込んだり越えられなかったりする動きが出たところがカラ売りポイント**です。

逆に「④安値を割り込まない」のは底堅い動き。下落が続いたあとに④の動きが出たら、上昇転換する可能性が高くなります。

42
5日線の高値・安値で明日を占え

ローソク足、つまり株価そのものの高値・安値だけでなく、**移動平均線の高値・安値**にも注目できるようになると、トレンドや売買判断の精度が上がります。

特に5日線は、株価の上下動に合わせて、心電図のような、かなり激しい上下動を繰り返しやすいので注目です。

「5日線が上昇していく過程で少しずつ『直前の安値』ができていく。その安値を下回らなければ（**直近の安値を割りそうになっても、反発するようなら**）上昇の勢いが強い」

「5日線が下がっていく過程で少しずつ『直前の高値』を切り下げていく形になる。その高値を上回らなければ（**直近の高値を越えそうになっても、再び下げに転じるようなら**）下落の勢いが強い」と判断します。

たとえば、103ページの図のように横ばいから本格的な下落トレンドへ移行する値動

5日線の高値・安値が切り下がれば下落トレンド

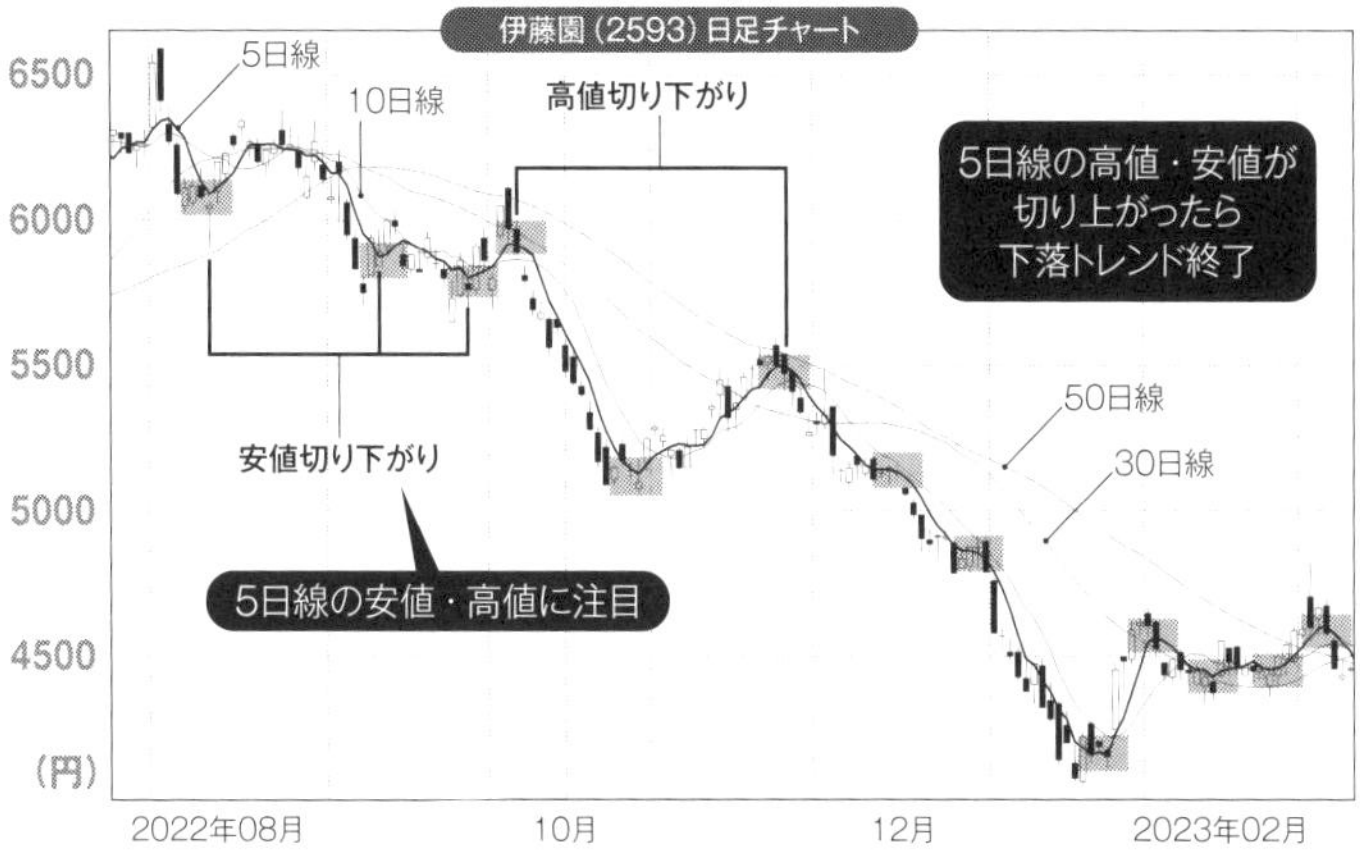

きの中では、5日線がつけた前の安値を越えられず**安値が切り下がる動き**、前の高値を越えられず**高値が切り下がる動き**が頻出します。

株価だけでなく、株価の5日間の平均値である5日線の価格水準が過去に比べてだんだん低くなっていくことが、下落トレンドの条件だからです。

逆に上昇トレンドへ転換するためには、5日線が前の安値を下回らず安値が切り上がる動き、前の高値を越えて高値が切り上がる動きが必要になります。

5日線の高値や安値が切り上がっていれば上昇の勢いが強い、切り下がっていると下落の勢いが強いと判断しましょう。

43

「トライ届かず」は失速の前ぶれ

株価が前の高値・安値を更新できない動きはトレンド転換にもつながるので、必ず注目したいポイントです。相場流では直近高値の突破を目指して上昇したものの、高値と同じ価格帯か、そこまで届かず上昇が失速する動きを「**トライ届かず**」と命名して、**天井圏から下落トレンドに向かう前兆シグナル**と見なします。

105ページの図は清水建設の日足チャートです。上昇トレンドが続いたあと、3回、同じ高値圏まで上ヒゲでタッチしたもの、3回ともトライ届かずとなりました。その後、下落しています。3回のトライ届かずで下落のあと再上昇しますが、またまたトライ届かずが2回。その後、大きく下落しています。

トライ届かずというシグナルを意識していれば、こうした**上昇トレンド末期から下落トレンドへ転換する初動段階で、いち早くカラ売り**して、大きな利益を上げられます。

高値を越えられず下落が加速する例

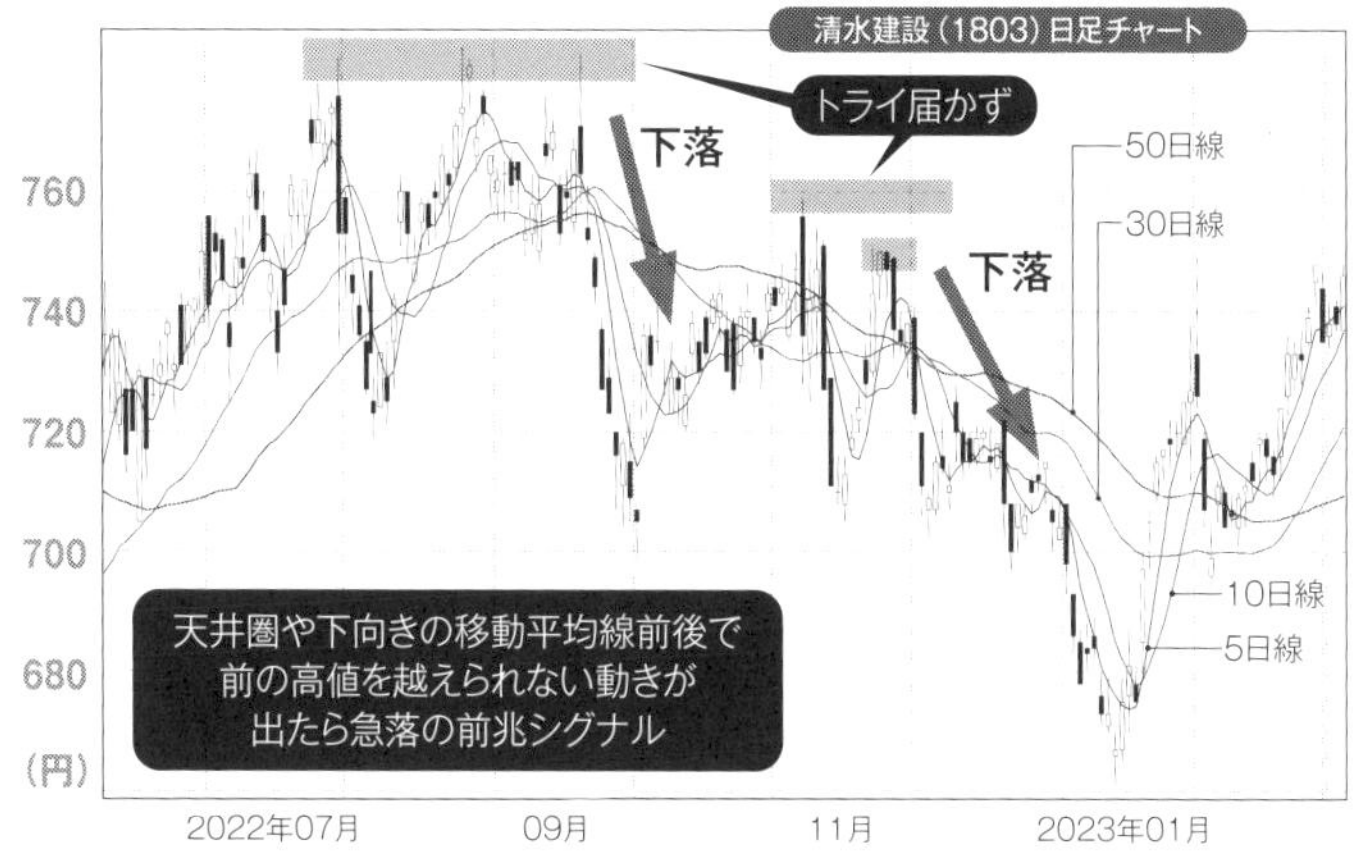

トライ届かずの動きは、高値を2度つけて下落するダブルトップ、3度つけて下落するトリプルトップなど、高値圏において相場下落を強く示唆するチャートパターンの完成にもつながります。

上昇トレンドが長い期間続いたあと、高値圏で相場が横ばい気味になったときは、直近の最高値に向かう動きと、その動きが失速してトライ届かずになる動きをあらかじめ想定したうえで、値動きを注意深く観察してみましょう。

トライ届かずが発生した場合、次に株価が急落する瞬間を狙ってカラ売りの準備をします。トライ届かずですぐ打診売りもアリです。

44

株価の節目に敏感になれ

株価を動かす原動力は投資家心理です。そして、人間の心理は過去の出来事から大きな影響を受けます。過去の高値は買い手が「この株は買いだ」と思って買ったものの、それ以上、株価が上昇せず損が膨らみ、手痛い打撃をこうむった価格帯。売り手からすると「これ以上、上がらない」と株をカラ売りして儲けた成功体験が刻まれた価格帯です。

つまり、買い手・売り手双方の記憶に残っているため、その後も**株価の値動きに大きな影響を与える「節目」**になります。

同じように、人間はキリのいい数字を自然と意識しがちです。同じ価格でも**100円や500円や1000円といった「キリのいい株価」**は投資家が意識しやすい重要な節目になります。え、そんなことで？　はい、意外に単純なことなのです。

株価が勢いよく上昇を続けて何日も値上がりしたあと、100円、500円、1000

円といったキリのいい価格帯で不思議と上昇が止まり、横ばいになったり下落したりするのは日常茶飯事。株価というのは、その企業の業績成長率や配当金の額に応じて自動的に値づけされるものではありません。結局、人間がかなりおおざっぱに「これぐらいの株価が妥当だろう」と**〝どんぶり勘定〟で決める**もの。「いやいや、もっと上がる」という強気の投資家が多ければ実力以上に株価が上昇し、「いやいや、もっと下がる」と考える弱気の投資家が増えれば、びっくりするほど急落することもあります。スーパーで売られている野菜などと違い、価格があってないような世界ですから、キリのいい株価が投資家に強く意識され、**深層心理レベルで値動きに影響**を与えることになるのです。

過去の高値・安値やキリのいい株価は、買い手と売り手の戦いの最前線ともいえます。節目を越えるか、越えられないかで、買い手と売り手の力関係が逆転する「攻防の場」でもあるため、チャート上の節目がどこにあるかを意識しておくことは大切です。

投資家たちにまったく意識されない細かい節目もありますが、節目になりそうな過去の高値・安値、キリのいい株価を一気に越えたり割り込んだりする動きが出たら、その値動きは相当強いと判断してもいいでしょう。

45 日経平均株価の節目を覚えよ

キリのいい株価で不思議と上昇や下落が止まったりする傾向は、日本を代表する株価指数・日経平均株価でも非常に顕著です。109ページの図のように、過去10年の日経平均株価の動きを見ても、**1万5000円、2万円、2万5000円、3万円**といった、ものすごくキリのいい価格帯が株価の上昇を阻む壁や下落を食い止めるクッションになっています。そうした節目を突破すると上昇や下落に勢いがつく様子も見てとれます。

2022年4月以降は**2万6000円が下落を阻むサポート帯**として強く働き、その前後まで下がるとまた上昇する展開が続いていました。

109ページの図にはすべて反映されていませんが、2023年3月以降は2万7000円を底とした攻防戦。4月中旬にしっかり2万8000円を上に抜けると、そこからは早かったですね。3万円の大台を突破し、軽やかにバブル後最高値を更新しました！

「キリのいい株価」と日経平均株価の節目

日経平均株価の約10年間の動き（週足チャート）

日経平均株価の約1年4カ月間の動き（日足チャート）

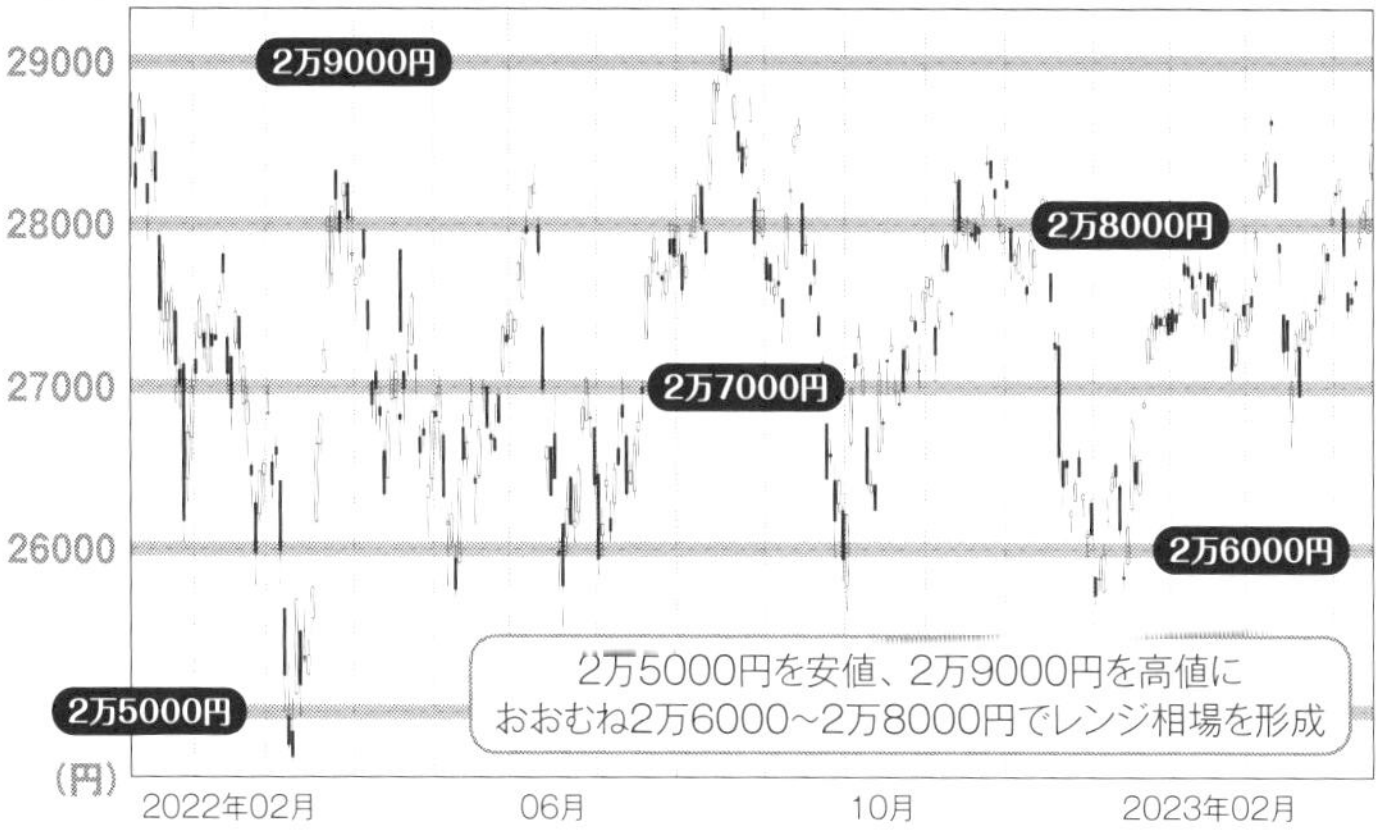

46 前の高値・安値と投資家の懐事情

どうして、株価は一直線に上がったり下がったりせず、ジグザグな動きをするのでしょうか。それは、株が上がれば買いを入れていた投資家が利益確定の売り注文を出し、その売りが株価を押し下げるからです。逆に、株が下がれば、カラ売りした投資家の利益確定の買い戻し注文が株価の押し上げ要因になります。株価は機械的に動いているわけではなく、**投資家の利益確定や損切り**（損を覚悟で売却する）**の影響を受けている**のです。

前の高値・安値がどうして値動きの節目になるかについても、投資家の「懐事情」という観点で考えればすぐに理解できます。

過去の高値で株を買ってしまった投資家は、その株が高値を突破できない限り、損切りするか、損失を抱えた株をずっと保有し続けることになります。

その後、株価が再び上昇して、過去の高値近辺まで到達したとしましょう。当然、過去の高値で株をつかんでしまって、損切りできていなかった投資家は、持ち株の含み損が減少したので売りたいと思うことでしょう。

つまり過去の高値近辺には、その高値で株を買ってしまった**投資家の売り圧力**が働くことになるのです。過去の高値付近にそういった売り圧力があることがわかっていると、当然、多くの投資家が高値近辺で新規のカラ売りも入れてきます。よって、過去の高値はなおさら株価の上昇を阻む抵抗帯になります。

一方、過去の高値を突破して株が上昇すれば、もうその上で株を過去に買った投資家がいない（もしくは少ない）ため、売り圧力がなくなり（少なくなり）、株価の上昇に拍車がかかりやすくなります。「過去の高値を越えられるか、越えられないか」で株価の勢いに差が出るのは、投資家の懐事情と直結しているからなのです。

過去の安値でも同じことです。安値でカラ売りした投資家の決済や「お買い得な株価で買いたい」という新規投資家の**買い圧力**のせいで、過去の安値近辺では株価が反発しがちです。しかし、いったんその安値を下に突き抜けてしまうと、お買い得だと思って買った投資家の損切りや新たなカラ売りで株価の下落に拍車がかかりやすくなるのです。

47 上げ止まり・下げ止まりに反応せよ

チャートを見た瞬間に、過去につけた株価の高値・安値を探すクセをつけましょう。**「過去の高値が重なっている価格帯（抵抗帯）はその後の上昇を阻む壁**になりやすい。ただし、過去の高値帯を越えると上昇に拍車がかかりやすい」**「過去の安値が重なる価格帯（支持帯）はその後の下落を食い止めるクッション**になりやすい。ただし、過去の安値帯を割り込むと下落に拍車がかかりやすい」

過去の高値が重なっている抵抗帯近辺で、ローソク足や移動平均線の上昇が失速したら反転下落の強いシグナルなので、カラ売りで勝負するチャンスになります。

一方、上げ止まりが続いた過去の高値帯を株価が勢いよく上に抜けるようなら、これまで抵抗帯として意識された価格帯が株価上昇のジャンプ台に早変わりする可能性も高いので、買いでの勝負を考えます。これまで何度も株価が下げ止まった安値帯で株価が底堅い

過去の高値・安値は値動きの節目になりやすい

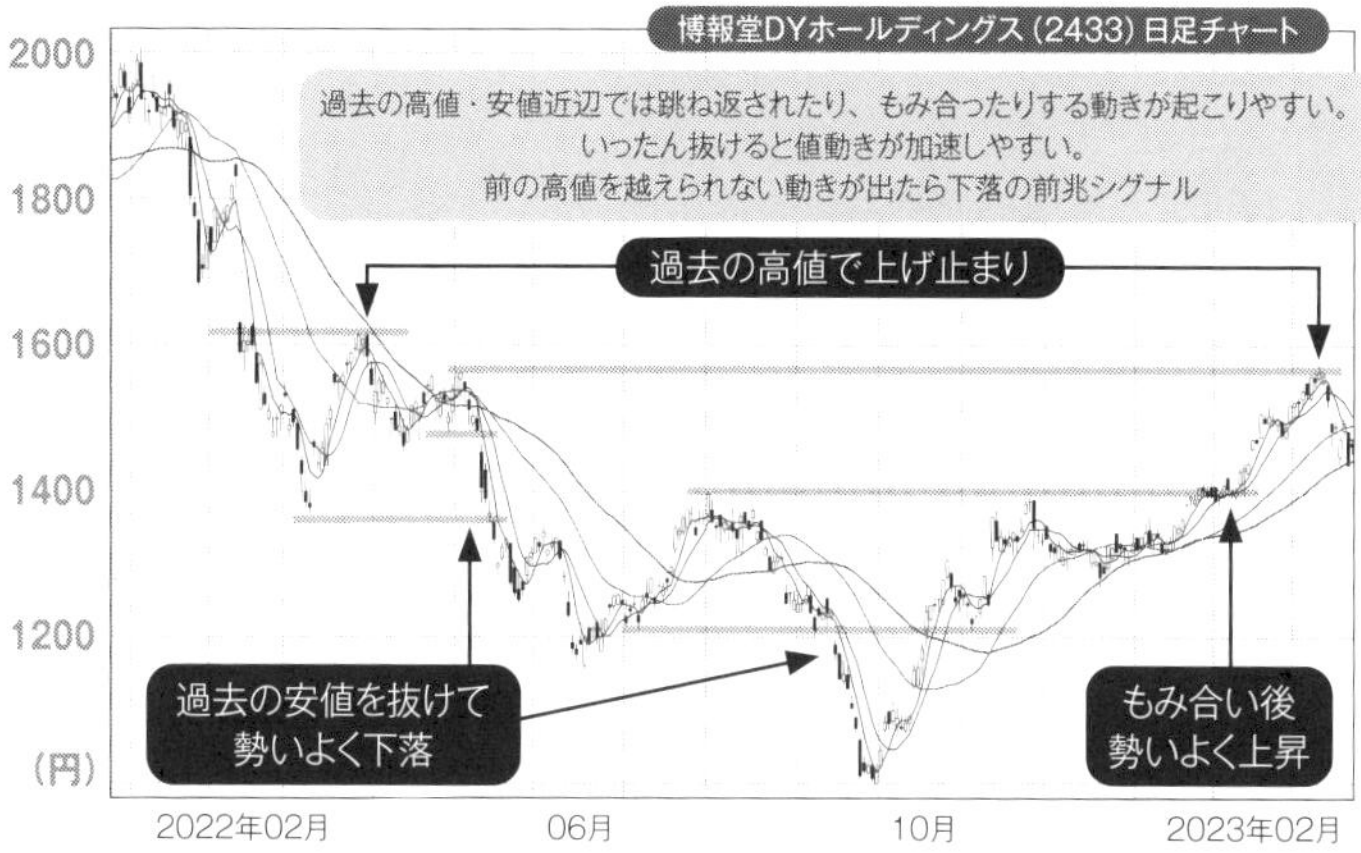
博報堂DYホールディングス（2433）日足チャート
過去の高値・安値近辺では跳ね返されたり、もみ合ったりする動きが起こりやすい。
いったん抜けると値動きが加速しやすい。
前の高値を越えられない動きが出たら下落の前兆シグナル
過去の高値で上げ止まり
過去の安値を抜けて
勢いよく下落
もみ合い後
勢いよく上昇
2000
1800
1600
1400
1200
（円）
2022年02月
06月
10月
2023年02月

動きを見せたら買いのチャンス。逆に安値を割り込んだらカラ売りのチャンスです。

上の図は博報堂ＤＹホールディングスの日足チャートですが、画面左側の下落トレンドでは過去の高値で上昇が阻まれ、過去の安値を下に抜けると下落の勢いに拍車がかかっています。その後、上昇トレンドに転換する過程では、過去の高値付近でもみ合ったあと、そのもみ合いを上抜けしたあたりから上昇が加速しています。画面右側では、ほぼ1年も前の、下落トレンドだったときにできた過去の高値で上昇が阻まれて下落しています。それほど過去の高値・安値は株価に長期的な影響を与える節目になりやすいのです。

48 株価の動きの基本を頭に入れよ

前にも述べましたが、株価というのは二次元の空間の中で「上がる、下がる、横ばい」という3つの動きしかしません。つまり、ずっと上がり続けたあとは下がるか横ばいのいずれかの動きになるはずです。上昇が続く株を見たときは「この節目まで来たら、いったん横ばいになるかな」「過去の最高値にぶつかって下がるかも」と思っておきましょう。常に次の次、先の先を考えなければいけません。

115ページの図は、株価の動きの基本形を超単純な形で表したものです。**「上がる→横ばい→下がる」もしくは「下がる→横ばい→上がる」という台形**になります。

市場の情勢でいうなら、買い手優勢・売り手劣勢で上昇相場が続くものの、やがて売りと買いが拮抗し、株価が横ばいに転じます。その後、売り手優勢・買い手劣勢となったら株価が下落に転じます。

株価は「上がる・横ばい・下がる」

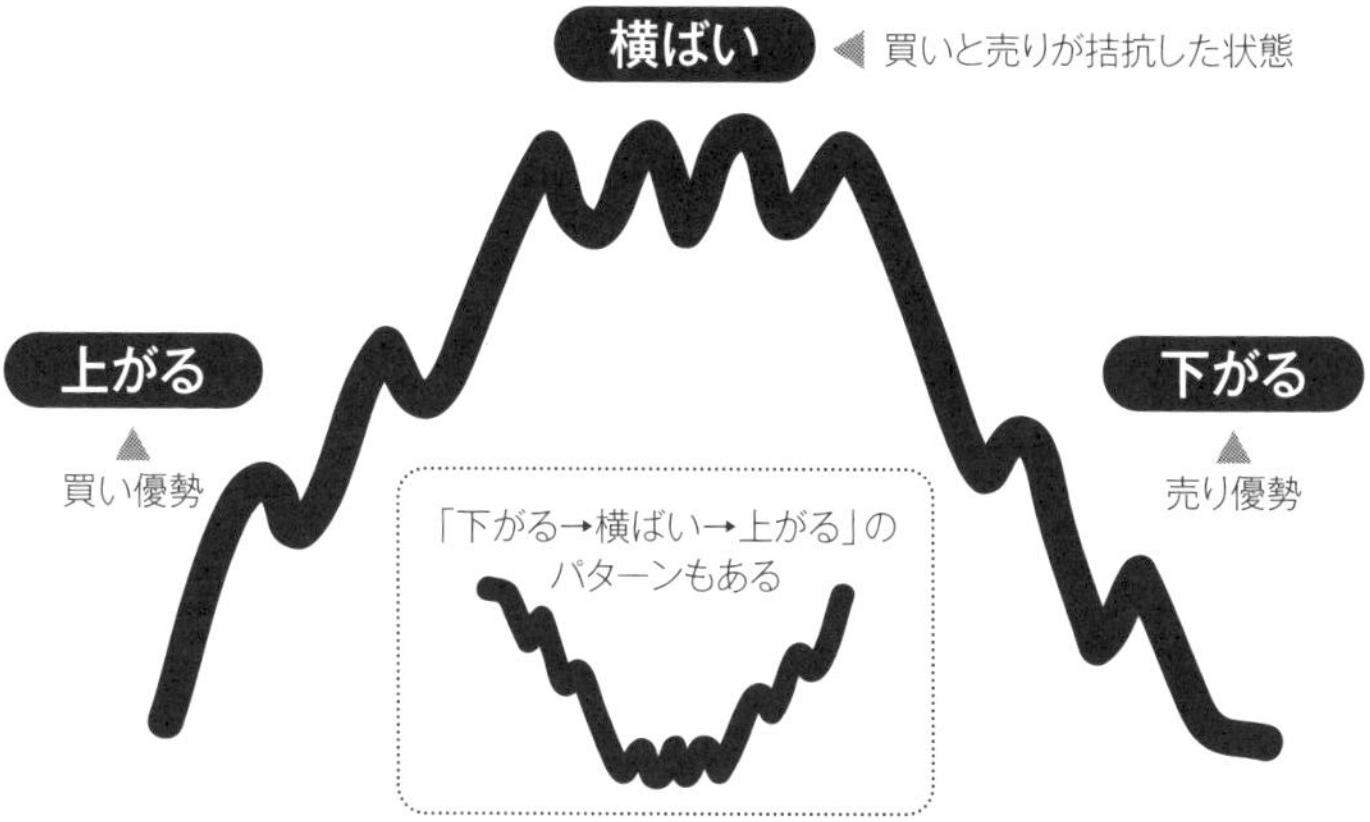

長期間にわたって見事なまでの上昇トレンドが続いている株でも、上昇の途中には、この「上がる→横ばい」という動きが頻出します。時には横ばいのあと、一時的に少し下落するケースもあります。つまり、上昇トレンドが続く株は「**大きく上がる→横ばい→少し下がる→大きく上がる**」を繰り返すことで上昇が続いているのです。

下落トレンドが続いている株というのは「**大きく下げる→横ばい→少し上がる→大きく下げる**」を繰り返しているから下がり続けるのです。つまり、すべての値動きは「上がる→横ばい→下落」という基本形の応用と考えることができます。

49 「買い」「売り」両方を駆使せよ

もし株を買うことしかできない場合、儲けられるのは「上がる、下がる、横ばい」という3つの局面のうち「上がる」ところだけです。

下がる場面でも利益を得ることができれば、チャンスは2倍に増えます。だからこそ、相場流トレードでは、**信用取引を使ったカラ売りも駆使**して、「株が下がっているときでも儲かる手段」を確保しておきます。

カラ売りは、証券会社に信用取引口座を開設するとできるようになります。証券会社などから借りてきた株をまず市場で売ることから取引がスタートします。カラ売りしたときの株価よりも下がったときに安く買い戻せば、**「(カラ売りした株価ー買い戻したときの株価)×株数」が利益**になります。

カラ売りをマスターすれば、もう「株よ、上がれ上がれ」と毎朝祈る必要はなくなります。下がりそうなときはカラ売りしていれば、下がるほど大儲けできるわけですから。

現物株取引もそうですが、信用取引口座も主要ネット証券（SBI証券、楽天証券、マネックス証券、松井証券、aｕカブコム証券）が売買手数料などのコストが安く、おすすめです。パソコンやスマホを駆使してラクに取引できます。

50 「売り」で稼ぎやすい理由を知っておけ

食品や日用品と違って、株は生活に必要不可欠なものではありません。株を買って墓場まで持っていくこともできません。そもそも人が株を買うのは、値上がりしたあとに売って利益＝現金を得るため。**株を買った人はいずれ必ず株を売ります**。もちろん、売らないまま天国に行き、どなたかが相続するパターンもありますが。

株は生活必需品ではないので、株を買いたい人が急激に増えることは、そんなにありません。特に大型株の株価の上昇は、じわじわ買い手が増えることで少しずつ続いていくもの。その過程で「株価が上がって利益も出たし、いったん売るか」と利益確定の売りを出す人もいますが、その売りもじわじわ出てくるもの。**株価は、じわじわ上がったり下がったりを繰り返しながら、ゆるやかに動く**形になることが多いのです。

一方、今後、株が下がる可能性が断然高い状況が来たらどうなるでしょうか。株を保有している人は〝損が出るかもしれない〟となり、保有する理由が完全に消滅するので、いっせいに株を売って現金を確保しようとします。

つまり、株が売られるときは、株を買っている人すべてが、何がなんでも株を売りたいという状況に陥りやすいのです。こうなるとパニック。そのため、**株は急激にドカンと底抜けしたかのように暴落する**ことが多くなります。

急激に上がるより、急激に下がることのほうが多いということは、カラ売りのほうが短時間で大きな値幅を取ることができるというわけ。私の体の半分以上がカラ売りでできているのは、暴落のほうが多いと体感的に知っているからです。

株価の下落スピードは上昇以上に速く大きいものです。そのことを身をもって知れば、カラ売りに挑戦したくなるはずです。

株をカラ売りするために信用取引口座を開設すると、**「委託保証金」**として入金した**自己資金の約3・3倍**までレバレッジ（てこ）をかけて、「信用取引で買い」「信用取引でカラ売り」ができます。ただ、レバレッジをかけた信用取引で一定以上の損が出ると、追加でお金を入れなくてはいけません。初心者のうちはレバレッジをかけずに練習しましょう。現物株以上にリスク管理が求められるのです。

信用取引には「制度信用」と「一般信用」の2種類がありますが、**「制度信用」**でカラ売りが可能な銘柄は**「貸借銘柄」**と呼ばれます。相場流のトレード対象であるJPX400や日経平均株価の採用銘柄はほぼすべて自由自在にカラ売りできます。

51 株価の四季「日柄」を究めよ

株価は「上がる→横ばい→下がる」という基本形を軸に動きますが、その際、意識しておきたいのが「時間」です。

株価の値動きには、正月に上がって3月末にピークをつけ、夏に向かって下がるというような季節性や時間的サイクルがあります。

株価が上昇を始めるとき、最初の1カ月目はまだまだ手探りですが、2カ月、3カ月が経過すると、多くの投資家が「これは本物だ」と注目し始め、上昇の勢いもしっかりしたものになります。上昇が4カ月、5カ月目に入る頃には「あの株を買えば簡単に儲けられる」と〝ミーハーな考え〟で買いを入れる新たな投資家も大量に参戦。ただ、1～3カ月目に買った投資家の利益確定売りもあって、値動きの振れ幅が大きくなり、乱高下を繰り返しがちです。

6カ月目ぐらいになると、遅れてきた投資家たちの最後の買いで最高値をつけるものの、その頃には「いつ下げ始めるか」といった心理戦となり、株価も膠着《こうちゃく》状態に。そして、「もう、これ以上は上がらない」と多くの投資家が利益確定売りや投げ売りに走ると、一つの上昇相場が終わりを迎える、といった具合です。

株価が上昇したり下落したり、一方向の動きが始まってから経過した日数や期間のことを株式用語で「日柄」といいます。ある一定の日数を経て、株価の勢いが鈍ることを「日

「日柄」＝時間的サイクルのこと

株価は3カ月、6カ月サイクルで動くことが多い

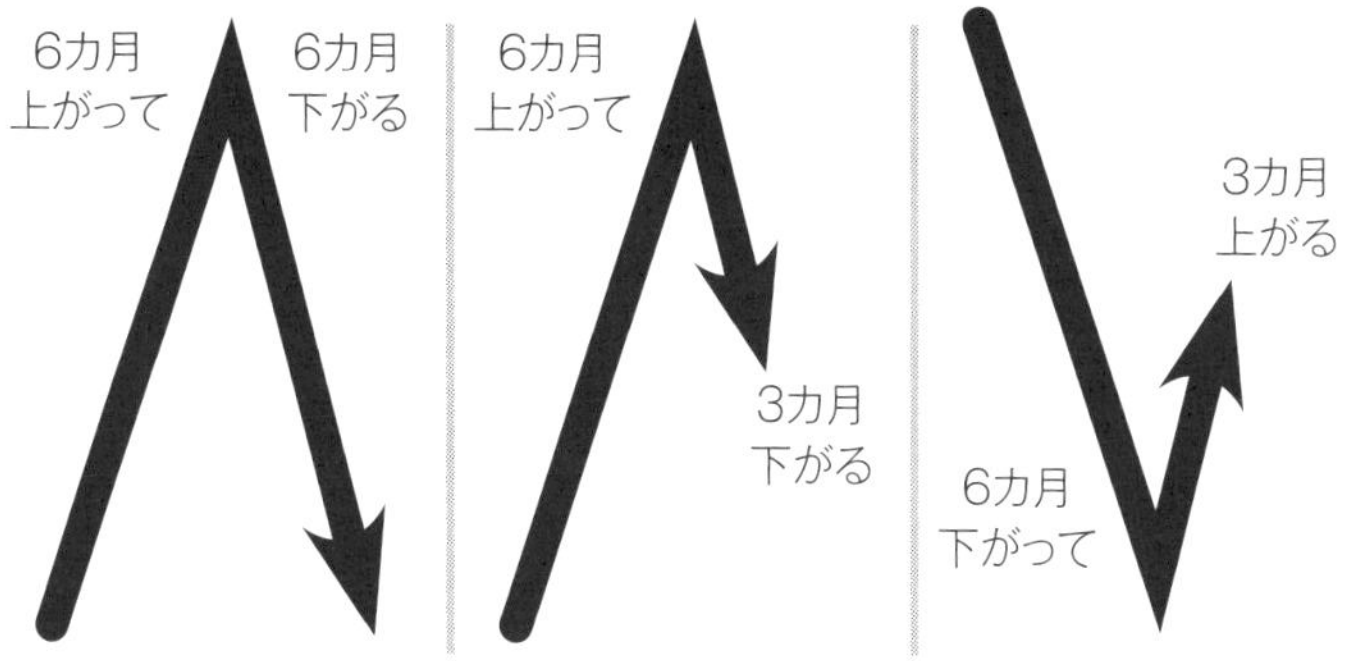

柄調整」といいます。日柄調整が起こりやすい期間として、相場流で重要視するのは「3カ月」「6カ月」です。これは、制度信用取引のルールに、保有しているポジション（建《たて》玉《ぎょく》といいます）を6カ月以内に反対売買して決済しないといけないという時間的制約があることも影響しています。

上の図にも示したように、株価は「6カ月上がって6カ月下がる」「6カ月上がって3カ月下がる」といったサイクルで動くことが多いものです。

株を売買するときは、現在の値動きが「時間の枠」の中で、どのサイクルに位置するかを必ず確かめましょう。

52 日柄を意識して売買戦略を立てよ

株価は3カ月、6カ月サイクルで動くと知ったうえでチャートを確認すると、そう見えるところもあるけれど、なんだか怪しいし、まったく当てはまらないところもたくさんあると思うかもしれません。

しかし、値動きのサイクルを物理学の法則のように「絶対そうなる」ととらえるのではなく、「自分がいつ、この株を買ったり売ったりするか」という**仕掛けの時期の目安**と考えると、その有効性はかなり高くなります。

123ページの図はスマホゲームやSNSサイトが主力のMIXIの日足チャートです。MIXIは2020年6月15日に安値1620円をつけたあと、底打ちして上昇し、6月から数えて5カ月目の10月8日には2倍近くまで値上がり。終値ベースで3080円をつけました。

6カ月という「日柄」を意識した売買戦略を立てる

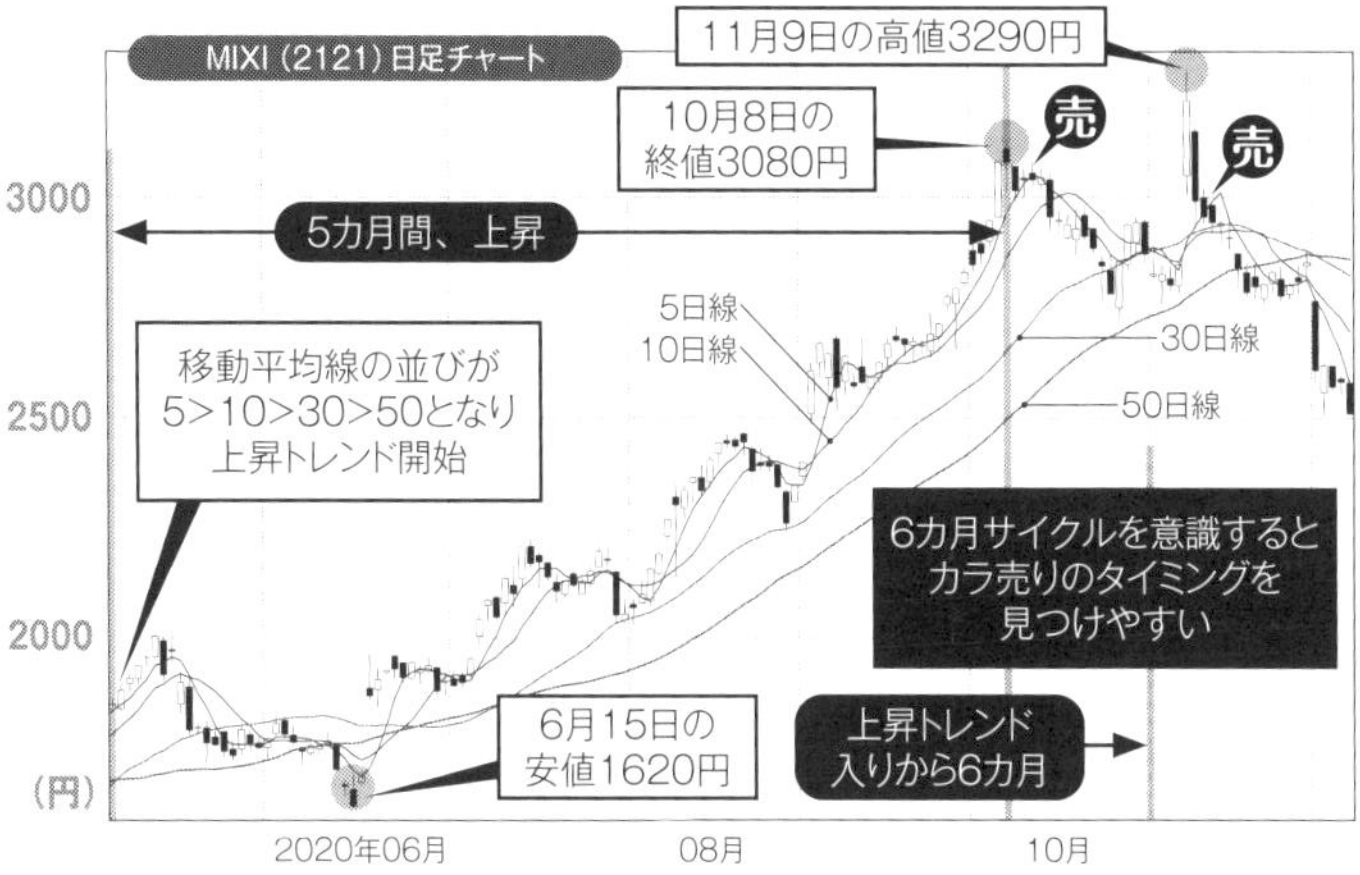

その間の移動平均線はほぼ「5日線＞10日線＞30日線＞50日線」で、完璧な上昇トレンドの並びで推移しています。5日線が10日線にタッチしたり割り込んだりしたのは、3回しかありませんでした。

5日線の10日線へのタッチや割り込みは、それ以前にMIXI株を買った投資家の利益確定売りによるものです。月足では2017年6月に7300円をつけていますので。

もちろん、5カ月間の上昇が続いたからといって、急に下落するかどうかはわかりません。ただ、こういうときの売買判断に3カ月、6カ月というサイクルが役立つのです。

この場面ではすでに上昇開始から5カ月。

〝6カ月サイクル〟を知っていれば、買いで勝負するのは控えようと思うでしょう。逆に株価が3000円という節目まで到達したこともあり、ここまで株を買っていた人の利益確定がありそう。そう考えると、いったん中規模の下落があってもおかしくありません。100％の確証があるわけではないので「このへんで試しに売りを仕掛けてみようか」というように考えます。

そこで、3080円の終値をつけたあと、いったんカラ売りを入れてみます。読み通り、軽く下落したあと、再度上昇。6カ月目の高値3290円（11月9日）以降に2度目のカラ売りで本格参戦。実際、株価は上昇開始から6カ月後に下落を開始しました。上昇を始めた6月から数えて7カ月目の12月には移動平均線の並びが「50日線＜30日線＜10日線＜5日線」と、下落トレンドに転換しています。

もちろん、6カ月が経過したあとにさらに大きく上昇することもありますし、少しだけ上昇したあと、ほぼ狙い通り、下落することもあります。ただ、**6カ月の上昇を続けた株にはかなりの確率で利益確定売りによる下落があるという6カ月サイクル論**を覚えておけば、売りを仕掛けるタイミングに気づきやすくなるはずです。

53

「9の法則」「17の法則」「23の法則」を使え

株価の一寸先は闇。その闇を照らす貴重な知恵といえるのが相場流トレードで大人気の「**9の法則**」です。考え方の本質は、株価の上げや下げの期間には限度がある、というもの。背景には株価が上がれば下値で買った人が売り、株価が下がれば高値でカラ売りした人が買い戻す、という投資家の利益確定行動があります。利益が出た株を9日以上持っている短期投資家は少ない。だからこそ、**上昇も下落もローソク足9本分続くといったん収束**し、次の展開に移るケースが非常に多いことに気づきます。

実際のトレードでは「**17の法則**」も同じくらいの頻度で登場します。さらには、どんなに強い上昇・下落もローソク足が23本続くと限界に達することが多い。株の売買はそのあたりでいったん手仕舞うべきという意味で「**23の法則**」も追加しました。9、17、23という中途半端な数字は私の長年の研究ではじき出された数字です。

この法則では上昇や下落が始まった起点となるローソク足を1本目と数えます（自分が売買を始めたローソク足ではありません）。上昇なら陽線が連続していれば、下落なら陰線が連続していれば「2本目、3本目」と数えていきます。陰線連続の途中で陽線が出ても、その終値が一つ前のローソク足の始値を異常に大きく上回ったり、5日線を連発で突き抜けたりしていなければ、やはり「2本、3本……」と数え続けます。

127ページの図は森永製菓の日足チャートです。9の法則、17の法則、23の法則の初日と最終日を書き込んであります。

上下動を繰り返す値動きの随所にローソク足9本で下落が一服したり、17本で一連の下落や上昇に一区切りがついたり、最終的に23本で全体的なトレンドが終了したりする場面が多発しています。

もちろん、9の法則、17の法則、23の法則が100％当たるとはいいません。1本、2本ズレることはよくあります。しかしローソク足の本数を数えるだけで**反転ポイントのある程度の目安**として使えるのは、とても便利だと思いませんか。なんといっても一寸先は闇なのですから。

上昇・下落期間の目安に「9、17、23の法則」

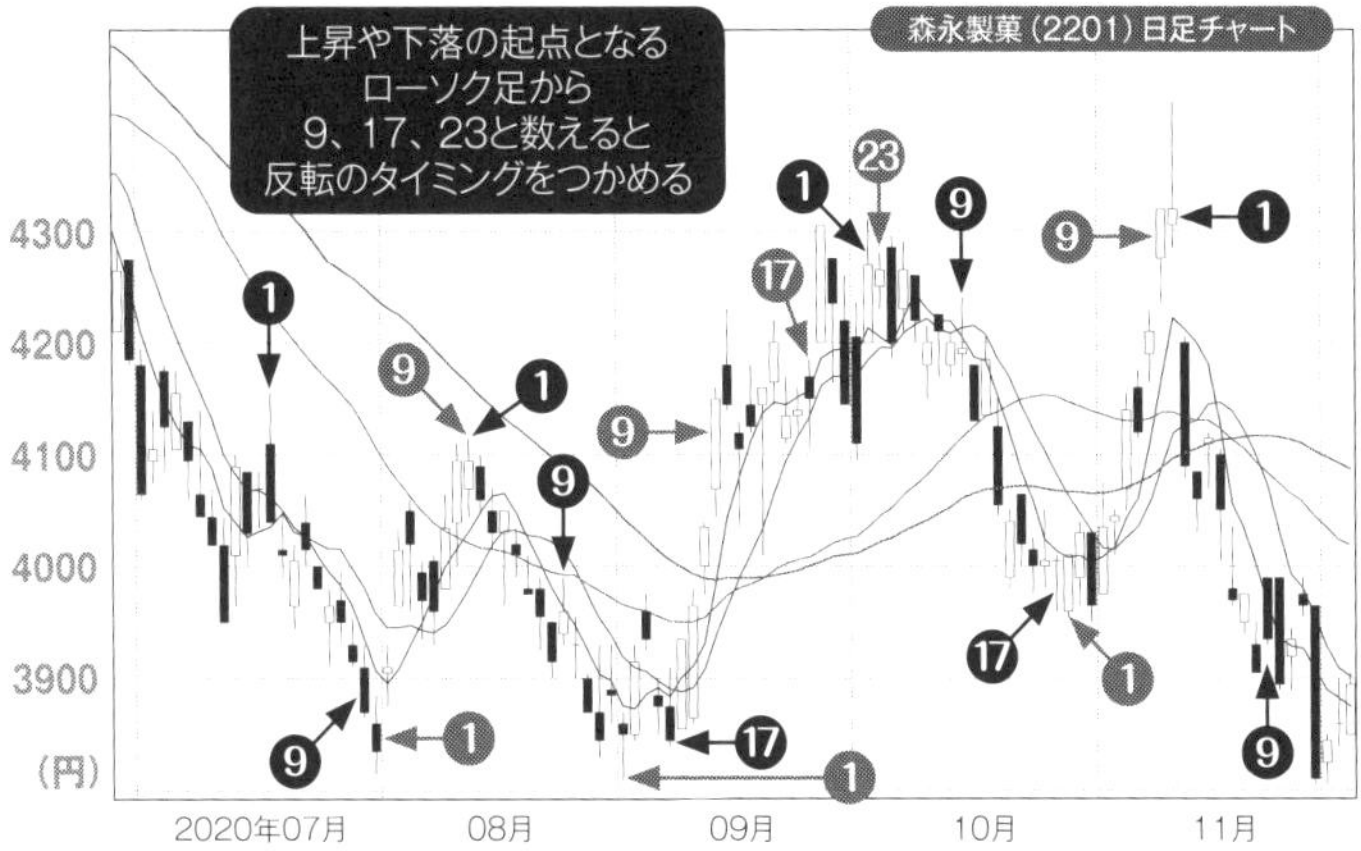

９の法則、17の法則、23の法則のメリットは守りにも攻めにも自在に使えることです。

守りとしては、買いやカラ売りのポジションを保有しているときに「どこまで利益を伸ばせるか」という判断に使えます。

攻めとしては、買いやカラ売りを仕掛けるタイミングをどこにするか、探すときに役立つことでしょう。

たとえば、ローソク足９本分上昇したあと、次のローソク足が大陰線で５日線を割り込んだら、９の法則完成をもう一つの判断材料にして、カラ売りで勝負できます。第４章で見ていく**相場流売買シグナルとセットで使う**と、最強レベルの実用性を発揮します。

できれば、ローソク足9本目、17本目近辺の値動きが「キリのいい株価」や、大切な「高値・安値」と重なっていないか、確認してください。移動平均線の傾きを見て、上昇や下落の勢いが落ちていないかもチェックしてください。9本目、17本目、23本目という節目にそういった別のシグナルも点灯していれば、ポジションを手仕舞ったり、新たな売買を始めたりする際の成功確率が上がります。

暗闇を照らす「そろそろかな」。これこそが9の法則、17の法則、23の法則なのです。

54 週足でも「9・17・23の法則」を活用せよ

9の法則、17の法則、23の法則では、起点となるローソク足を正しく見つけることも大切です。上昇の場合、「**上昇が開始する前、終値ベースで最安値をつけたローソク足**」からカウントを始めます。下落の場合は「終値ベースで最高値のローソク足」から数えます。

これらの法則は週足や月足など、どの時間のローソク足でもおおむね通用します。

週足でも「9・17・23」が通用する例

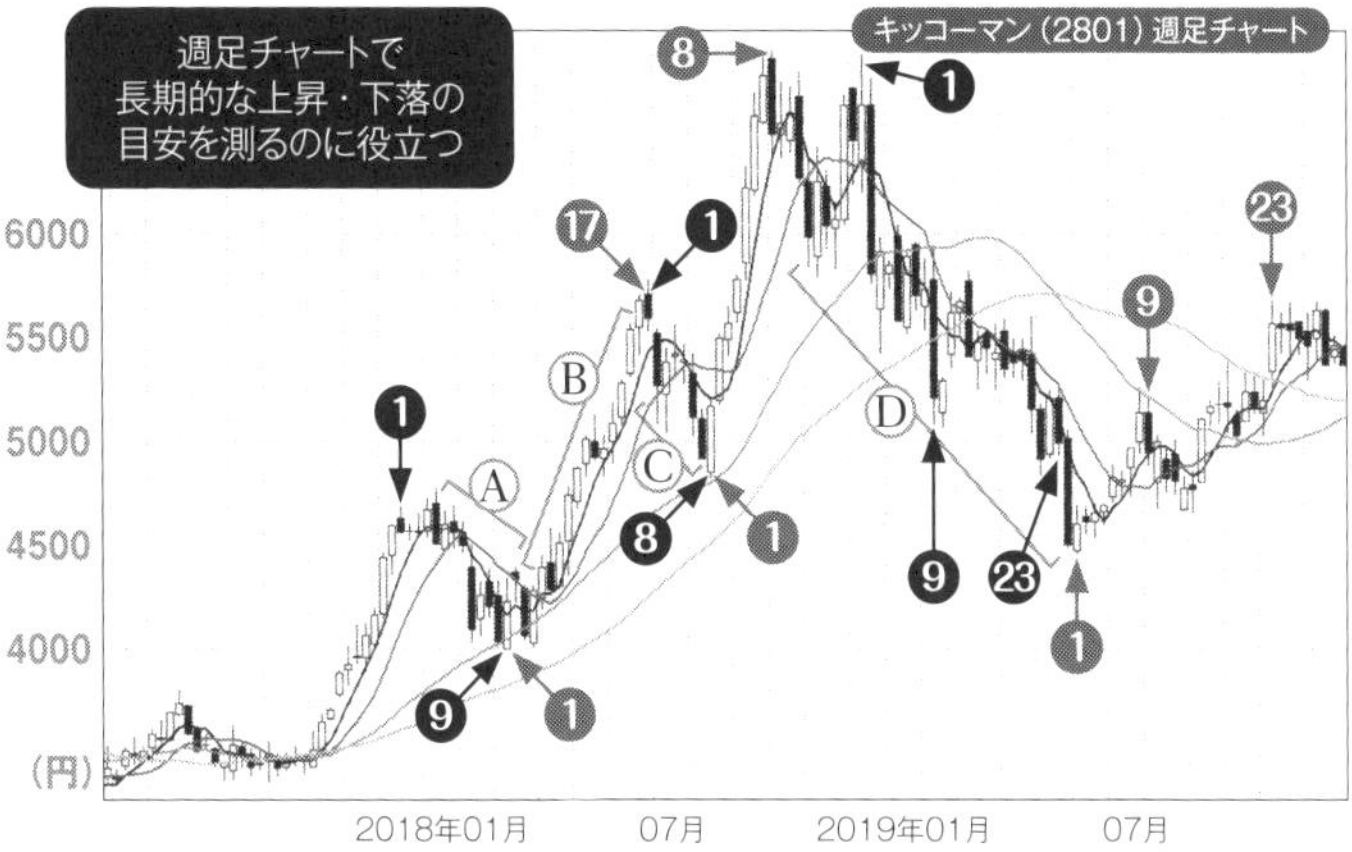

上の図はキッコーマンの週足チャートです。ローソク足をカウントしていくと、Ⓐの調整局面は週足9本、Ⓑの上昇加速局面は17本、その後のⒸの調整局面は8本のローソク足で終わり、そこから最後の急上昇トレンドも8本で終了。きれいなダブルトップを描いて下落に転じたあと、Ⓓの下落トレンドは9本目の陰線のあといったん反発。下落トレンドすべてが終了した大陰線の1本前の陰線までが23本。そこから反転上昇していったん調整するまで9本……というように、ほぼ法則通りに動いています。

上昇や下落が9本続かず、8本目で終わっているケースもありますが、**株価を長期的に**

とらえるための法則としては申し分ないと思います。

週足や月足の場合、1本のローソク足の期間は日足よりも長くなります。そのため、エントリーのタイミングを間違わなければ、この法則を使って長期間にわたり利益を伸ばせることでしょう。

9の法則、17の法則、23の法則は売買判断のベースとなるものに過ぎません。実際の売買は、ローソク足や移動平均線の動き、過去の高値・安値やキリのいい株価をもとにしたチャート分析を中心に行います。これとともに6カ月サイクルなどの日柄や9の法則などを使うからこそ精度が上がるのです。

55 「大相場」のフォーメーションを焼き付けよ

株価が大きく上昇または下落する局面を大相場といいます。「あのとき、株を買っておけば！」と誰もが後悔するような大相場でちゃっかり儲けられるかどうかが、投資人生成功の鍵を握るといっても過言ではありません。

そんな大相場を見つけるためのコツを伝授しましょう。まずは大相場といえるような株価上昇の形、パターン、フォーメーションを過去のチャートを紐解いて、たくさん目に焼き付けることが大切です。

すでに、さまざまな大相場を実際にモノにしてきた私から、大相場・上昇バージョンの4つの特徴をお教えしましょう。これまで紹介してきた「掟」のオールスター登場（？）に近いものとなります。

●だいたい6カ月くらいの上昇

●移動平均線の順番はきれいな5日線＞10日線＞30日線＞50日線

●一本調子での上昇はほとんどない

●大相場中も細かい上昇と下落を繰り返すが、上昇の日数より下落の日数のほうが少ない

実例を見てみましょう。133ページの図は、ビール大手・キリンホールディングスの日足チャートです。2022年4月から9月にかけて株価1700円台から2300円台までのちょっとした大相場が発生しています。

その際の状況をつぶさに観察すると、図のⒶからⒷまでの上昇日数は19日で、Ⓑの調整局面が4日間というように、大相場の上昇局面は先ほどの17の法則よりも長く、調整局面は9の法則よりも短くなっています。

上昇が継続している間の移動平均線は「5日線＞10日線＞30日線＞50日線」の並びが鮮明で、特に**10日線と30日線、30日線と50日線の間隔が大きく拡大**しながら動いているところが特徴的です。

ⒶからⒹの期間で合計4回の調整局面があったあとに天井圏に到達しましたが、特にⒸ～Ⓓの上昇度合いは小さくなり、株価アップの勢いが衰えつつあることがわかります。

そしてⒺのゾーンでは上昇がストップして、短期の上げ下げが繰り返されており、高値の更新がストップ。移動平均線の間隔も狭まり、上向きから横ばいに転じて、絡み合っています。こうなると、大相場といえる状態は終了です。Ⓔの横ばい相場は約3カ月弱、続きましたが、このあと下落トレンドに転換しています。

まずは、この**上昇の形**をしっかり覚えてください。「移動平均線の並びが5日線＞10日線＞30日線＞50日線でしっかり安定している間は利益を伸ばす」「上昇期間に比べて調整

大相場の典型例をマスターする

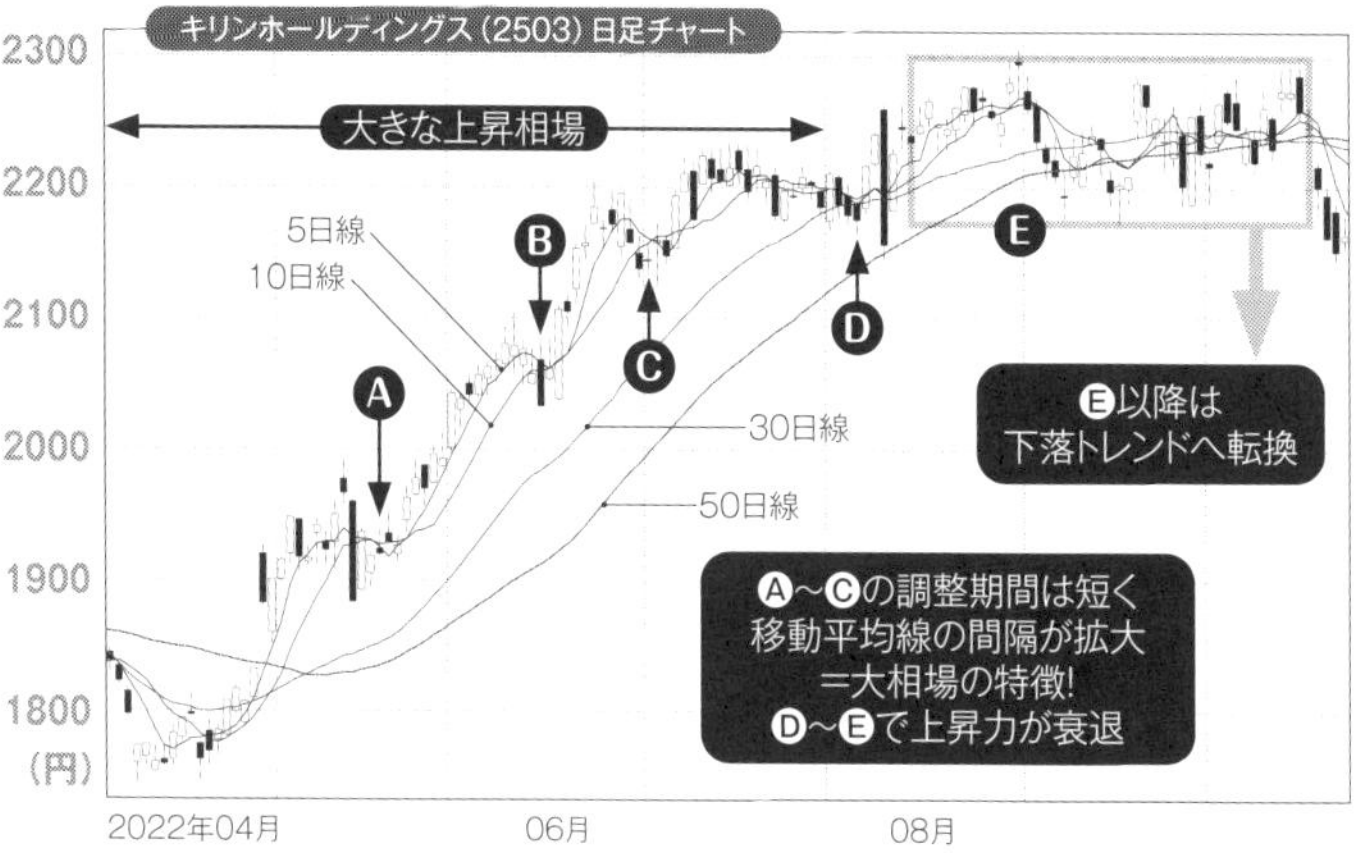

期間が短い間は利益確定しない」といった点に注意することが、大相場に乗って最大限に利益を伸ばすコツだということがよくわかるでしょう。

Ⓒ～Ⓓのように「移動平均線の並びが不鮮明になり、上向きを維持できない」「上昇期間が短くなって陽線、陰線が入り乱れたら」、大相場は終了しつつあると判断します。大相場に乗って1度、大きな利益を得ると、気が大きくなって深追いしてしまいがちですが、そこは沈着冷静に、上昇相場の終わりに関しても意識すること。株というものは利益確定しないと意味がありません。含み益は絵に描いた餅ですから、美しく終了してください。

56 週足チャートで「大相場入り」をとらえよ

捉55では日足チャートにおける〝ちょっとした大相場〟の例を紹介しましたが、本物の大相場というものは週足、月足などの長期チャートで見ても「ものすごく上がっているな」と感じられます。

大相場をとらえるには週足チャートも観察すべきです。週足チャートで見た場合、大相場といえるような上昇トレンドが始まる前には必ずといっていいほど、移動平均線が上から50週線、30週線、10週線、5週線ときれいに並んだ状態になっているはずです。そこから横ばい相場に移行したあと、底値をつけて移動平均線が絡み合い、本格的に上昇に転じる動きが大相場につながりやすいチャート形状といえます。

135ページの図は東和薬品の週足チャートですが、下落トレンドが続いたあと、これ以上は下げそうにないと思われる底値を3度つけてトリプルボトムを形成。その後、大相

トリプルボトムから大相場に発展した例

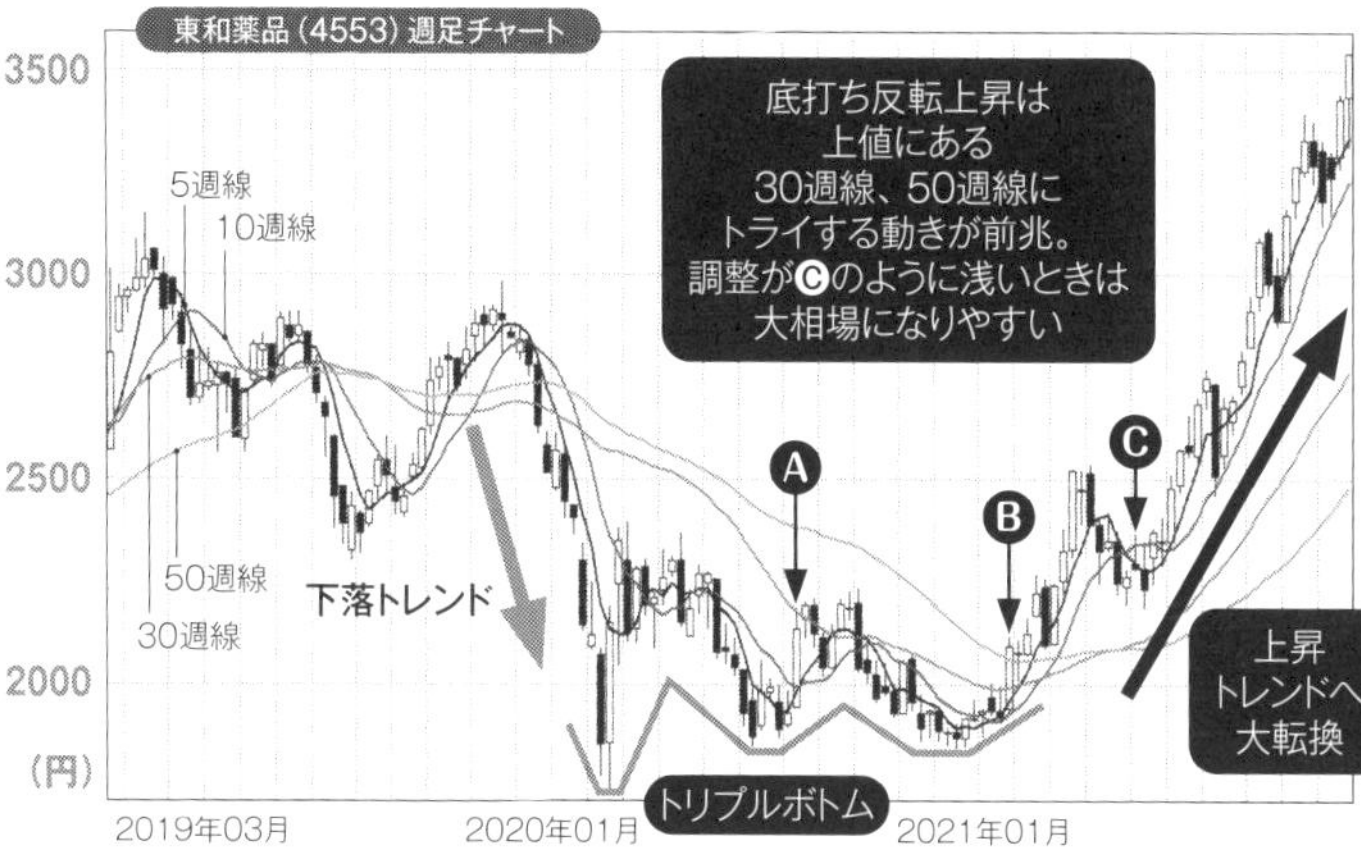

場の上昇トレンドに移行しています。

その際、注目してほしいのは、これまではるか上のほうにあった30週線や50週線にローソク足がトライしていく様子です。東和薬品のチャートでは、Ⓐで10週線を抜けていったん下落し、3回目の底値をつけたあと、次のⒷの上昇で30週線を上抜けています。Ⓑで初めて30週線を突破したあと、結果的にそのまま50週線も軽々と飛び越え、大幅上昇となりました。しかし、どの銘柄もこのようにはいきません。いったん30週線を突破したものの、再び割り込み、また越えて……というように2～3回、30週線にトライしたあと、本格上昇に移行していくケースもあります。

いずれにしても、株価が30週線の上でしばらく推移していると、やがて移動平均線が上から5週線、10週線、30週線、50週線という完璧な上昇トレンドの並びに変化していきます。週足の移動平均線の並びは日々大きく変化しませんが、いったん変化したらその形はなかなか崩れません。

このチャートの❸のように**最後の下落が軽めで終わったあとは往々にして大幅上昇**に転じます。❹以降の下げをカラ売りで短めに取りながら買いを仕込んだり、❺のあたりで打診買いを入れたあと、押し目の❸以降で本格的に買い進むのもいいでしょう。

上級者になると❺から❸の間を買いで取りながら、同時にカラ売りも入れて❸の下げを泳ぎ切り、次の上昇に備えることもあります。技術のレベルに合わせてトレードプランはいくつも考えられるのです。

週足チャートにおいて完璧な移動平均線の並びが完成すれば、もう怖いものはありません。❸の地点から画面一番右側までの値幅は1200円以上ありました。これぞ大相場で稼ぐ醍醐味。こういったチャンスをモノにするには日足とともに週足チャートのチェックが欠かせません。

第4章

相場師朗オリジナルのチャートの掟

57 「下半身」を買い時の基本とせよ

第3章までに解説したローソク足、移動平均線、過去の高値・安値、9の法則・17の法則・23の法則などの日柄分析を使いながらチャート分析を行うのは基本中の基本。さらに本章で紹介する私のオリジナルの売買シグナルをフル活用し、具体的な売買ポイントを探すのが相場流トレードの真髄です。

相場流トレードで最も重宝されているシグナルといえば**「下半身」**です。

「横ばいもしくは上向きに転じた**5日線を、ローソク足が陽線で実体部分の半分以上、下から上に突き抜ける**」と下半身完成となります。

どうして下半身と命名したかはご想像におまかせしますが、とにかくローソク足が元気いっぱいに**（できれば大陽線で）**、5日間の終値の平均値を越えていく上昇転換の初動の値動き――それが下半身です。下半身シグナル点灯で買いを入れれば、上昇に転じたばか

上昇加速の初動シグナルが「下半身」

下半身 上昇加速シグナル➡買い

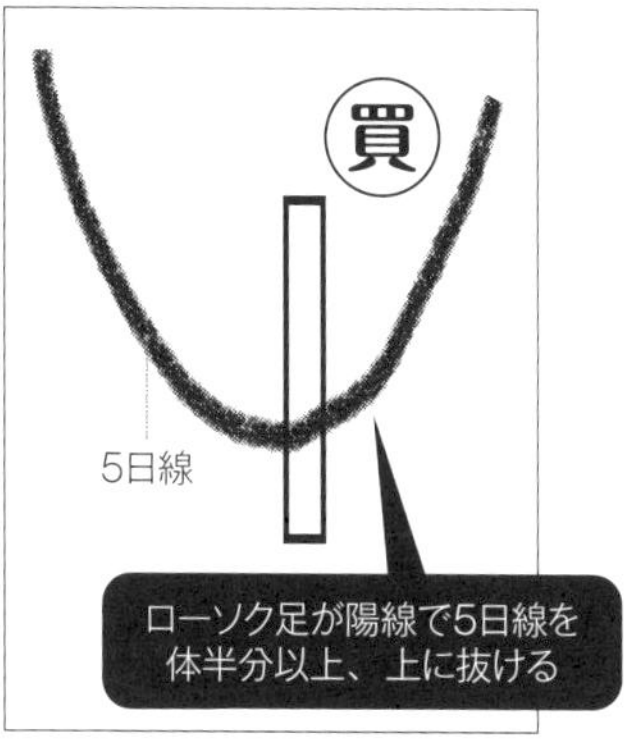

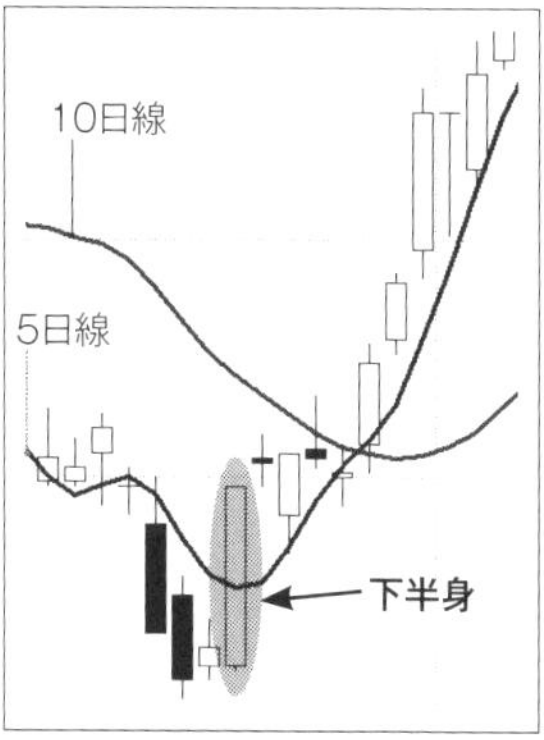

※チャートはイメージです

りのフレッシュな勢いに最初から乗れるため、とにかく稼ぎやすいのです。下半身で乗って、そのまま上昇の勢いが持続すれば、大きな値幅を取れます。

具体的にどこで買うのでしょう。ローソク足が陽線で5日線を下から上に突き抜ける、または窓を開けて飛び越えた**当日の終値**で買ってもいいですし、その後もローソク足が5日線の上にあることを確認しつつ、**翌営業日の始値**を見てから買ってもいいです。後者のほうが慎重で、高精度なエントリーになります。下半身で買い、ローソク足が5日線を越えて推移している間は保有。**ローソク足が終値ベースで5日線を下回ったら決済**します。

58

「逆下半身」もセットで使いこなせ

買いも売りも駆使するのが相場流ですから、当然ながら下半身の逆もあります。**「横ばいもしくは下向きに転じた5日線の上から下に、ローソク足が陰線で突き抜ける」**と完成するカラ売り向けのシグナルが**「逆下半身」**です。

逆下半身は、5日線の上にあった株価が5日間の終値の平均値を下回って勢いよく下げるときに出現する売りシグナルです。少なくとも5日線に対してローソク足（陰線）の実体部分の半分以上が下に突き出すか、窓を開けて飛び越えて5日線の下に終値が来ないとシグナル成立とは見なしません。

逆下半身は、上昇から下落に向かう初動の流れに乗って、いち早くカラ売りを入れるために使います。カラ売りをしない人も、下落のシグナルとして目安にしましょう。

下半身、逆下半身は、ローソク足が5日線の反対側に突き抜ける動きです。5日線は5

「逆下半身」が出たら売りの準備を

逆下半身 下落加速シグナル➡売り

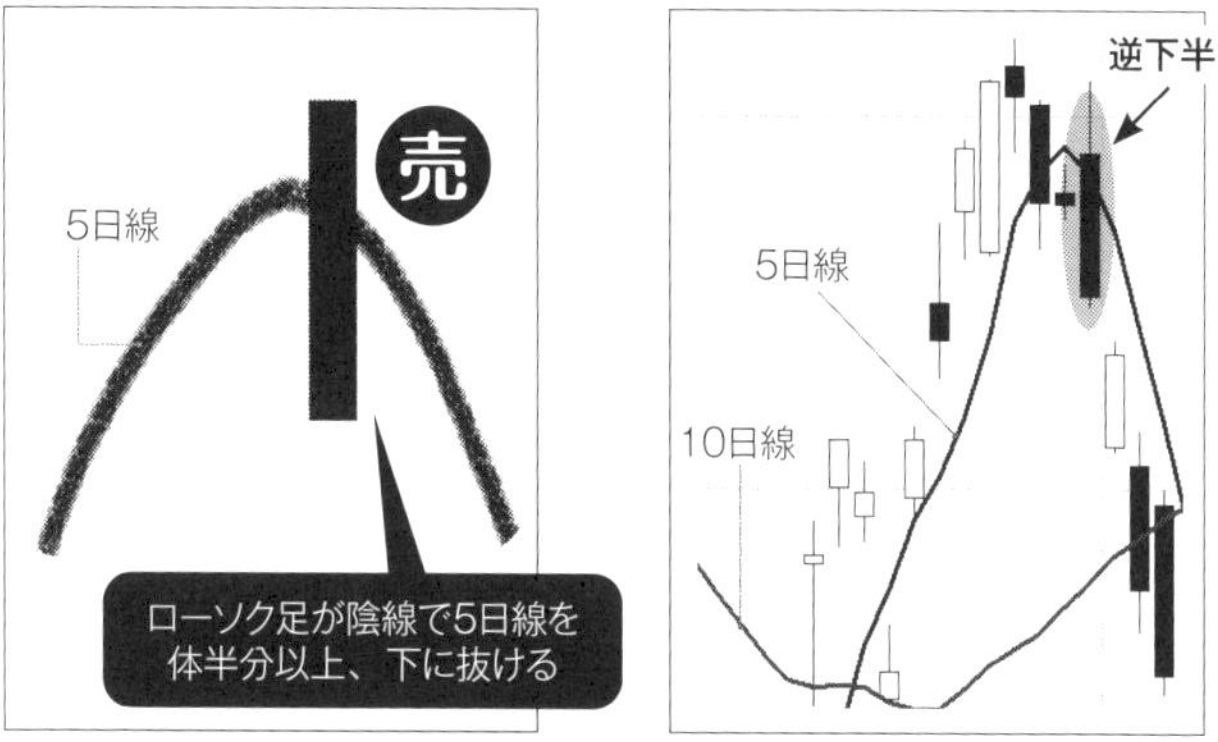

※チャートはイメージです

日間という非常に短期間での買い手と売り手の力関係を示した移動平均線。ローソク足が5日線より上なら買い手優勢、下なら売り手優勢になります。

その**短期的な買い手と売り手の力関係が、たった1本のローソク足でひっくり返った瞬間**をシグナル化したのが下半身、逆下半身というわけです。どんな値動きの初動も、ローソク足の5日線上抜けまたは下抜けで始まるケースが非常に多く、日々の値動きの**短期的な転換点**に出現する定番シグナルです。

相場流トレードを実践する人の中でも「下半身、逆下半身だけでいっぱい稼ぐことができた」という人は本当にたくさんいます！

59 「下半身」に始まり「本数」で終えよ

相場流トレードの基本形である、**「買いは下半身から、カラ売りは逆下半身からエントリーする」**というルール。株価の値動きにとって、5日線上抜け（下抜け）は〝句読点〟のようなものです。新しい値動きが始まる前兆シグナルといえましょう。

その前兆シグナルに素早く乗って、新たな値動きの最初から最後までを利益に変えるためには、躍動感に満ちた下半身・逆下半身を探すこと。高確率で値幅を稼げます。

下半身・逆下半身シグナルで買い注文または売り注文を出したあと、想定した方向に株価が順調に動いたら、**エントリー（実際に買い、または売りをした日）してからの日数でエグジット（利益確定する日）**を決めます。

その際に使うのが掟53で解説した「9の法則・17の法則・23の法則」。上昇でも下落でもエントリーから**9日目か、17日目か、遅くとも23日目**には、その日のローソク足が陽線か陰線かに関係なく決済してしまいましょう。

もし、シグナル発生後に株価が想定した方向に動いていなければ、初心者ならロスカット（損を覚悟で手仕舞う）を。上級者の中には信用取引の**建玉の操作**で買い玉・売り玉の数やバランスを変化させて乗り切る人もいますが、このやり方は本書では割愛します。

下半身で買ったあと、すぐにまた5日線を割り込んでしまったり、逆下半身のあと、すぐに5日線を飛び越えてしまったりする動きが出れば、**シグナル自体がダマシだったと解釈してさっさと切って**ください。頻出するシグナルなだけに損切りは素早く行うことがトータルで勝つためのコツです。

下半身出現でエントリーして、うまく上がれば利益を伸ばし、その後、逆下半身出現で利益確定、という単純な戦法でも、素早い損切りを怠らなければそれなりに成功できます。**下半身、逆下半身を究めて年1000万円稼ぐ**ことも夢ではありません。それが下半身・逆下半身シグナルの優位性であり、かつ落とし穴といえるかもしれません。単純な戦法ではうまくいかない難しい局面もあるからです。そんなときは、ほかのシグナルとの合わせワザで工夫しながら利益を得ることが、一生稼ぎ続けるためには大切です。

60 「くちばし」を使いチャンスを逃すな

相場流トレードのシグナルは、相場師朗が株歴40年以上の実戦トレードの中で発見した超オリジナルなものばかりです。

その主な目的は、新鮮でイキのいい、新たな値動きの「初動」をいち早くとらえることにあります。ピッチピチのお魚、いや株をつかまえてほしいわけです。

下半身、逆下半身はローソク足と5日線が生み出すフレッシュなシグナルでした。それに続くシグナルといえるのが、より時間軸が長い**5日線と10日線が織りなすトレンド転換の初動シグナル「くちばし」**です。

「上昇している10日線を、その下にあった上向きの5日線が上抜けて、鋭角な『くちばし』の形になったら、上昇トレンドへの明確な転換シグナルで買い」

「下落している10日線を、その上にあった下向きの5日線が下抜けて、角度の鋭い『逆（向

「くちばし」「逆くちばし」は加速か転換の前ぶれ

くちばし 上昇加速orトレンド転換シグナル➡買い

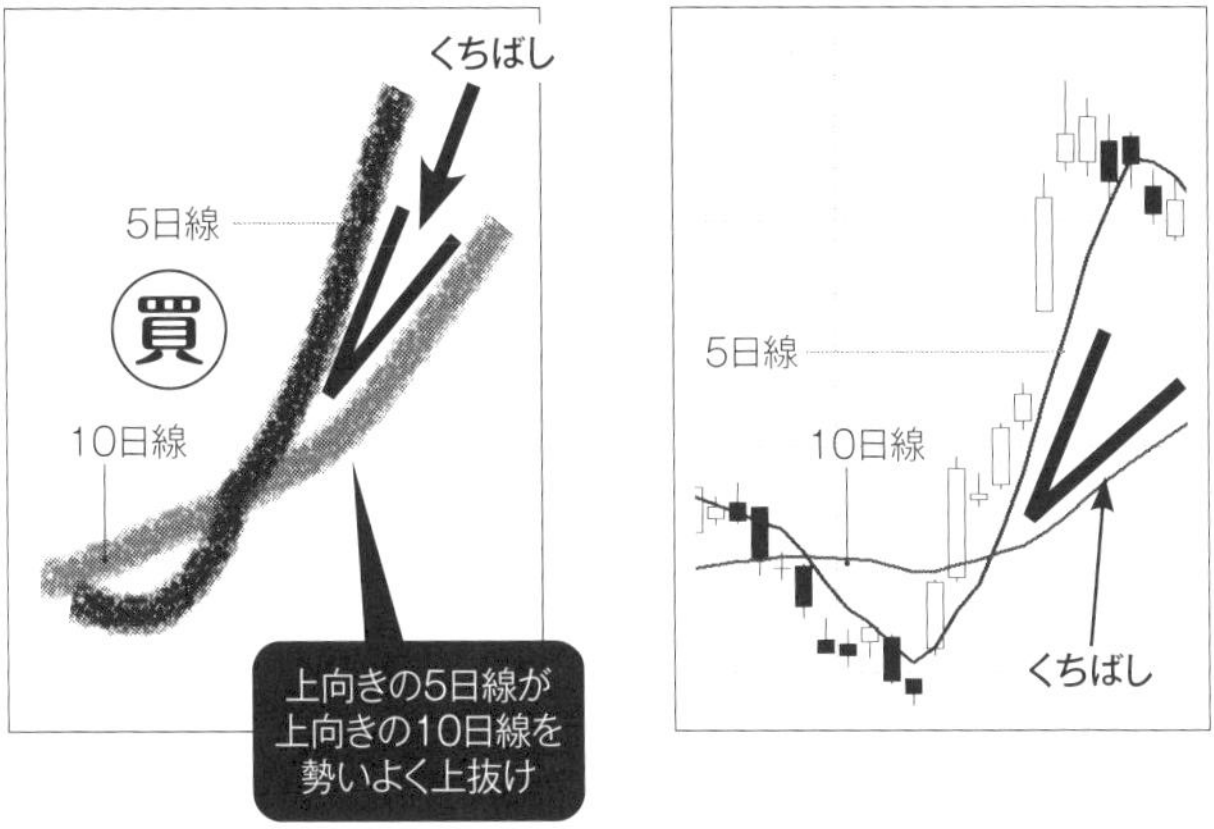

逆くちばし 下落加速orトレンド転換シグナル➡売り

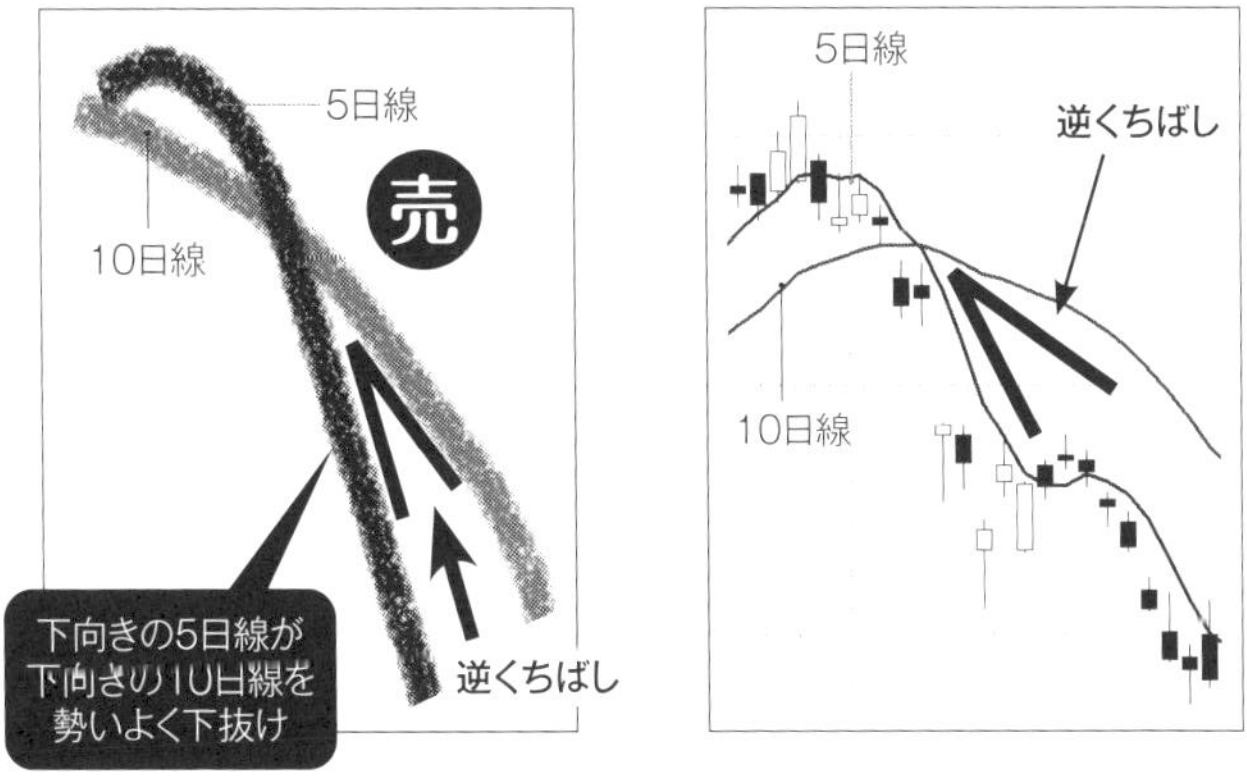

※チャートはイメージです

きの）くちばし』の形になったら下落トレンドへの明確な転換シグナルで売り」

１４５ページの図に形が書いてありますが、上向きの10日線を上向きの５日線が上に抜けるのがくちばし。下向きの10日線が下向きの５日線を下に抜けるのが逆くちばしです。つまり、**くちばしにおいては５日線、10日線の向きが重要**なのです。

５日線がすでに上向きの10日線を下から上に鋭角で抜けるくちばしが発生するためには、株価がいったん大きめに下がって５日線が10日線の下にかなり深く潜ったあと、急速にＶ字反転して折り返す必要があります。

初動の上昇の勢いが非常に強い中で起こったトレンド転換だからこそ、その後も上昇が継続する確率が高くなるというわけです。

くちばしや逆くちばしは、トレンドが急速に転換するときに出現することもあれば、上昇トレンド継続中の押し目や下落トレンド継続中の戻りが終わったあと、元のトレンドが再加速する瞬間にもよく出現します。ということは押し目買い、戻り売りにも通用するオールラウンドなシグナルといえます。**くちばし、逆くちばしの角度が鋭角であればあるほど、株価の反転する力は強い**と判断しましょう。

61 「ゴールデンクロス」を信じるな

短期の移動平均線、中長期の移動平均線がクロスする、といえば「**ゴールデンクロス**」「**デッドクロス**」がよく知られています。くちばし・逆くちばしとゴールデンクロス・デッドクロスは同じじゃないか、と思われる方がいるかもしれません。いいえ、違います。くちばしは**5日線、10日線ともに上向きで、交差角度が鋭角**であることが絶対条件。単純なゴールデンクロスと比べると、**株価の勢いが違います**。

10日線（2本の移動平均線の、期間が長いほう）が横ばいや下向きのときに交差する場合もOKと見なされるゴールデンクロスでは、「完成したときにすでに株価が上昇してしまっていて、シグナル完成後には下落してしまうことが多い」という欠点があります。

相場流では、「まず下半身で買い、次にくちばしで買う」、「逆下半身で売り、次に逆くちばしでも売る」というように、**下半身→くちばし、逆下半身→逆くちばし**をトレンド転換やトレンド加速のときに〝セット〟で起こる一連のシグナルと考え、次の次、先の先を読んで、買いや売りを仕掛けていきます。

相場流シグナルは、実際の売買でいち早く取引するために開発された超実用的なもの。机上の空論に近いテクニカル分析とは大きな違いがあるのです。

62 「ものわかれ」はトレンドフォロー用の矯正ギプス

初心者はどうしても〝お買い得〟に弱いのか、「下がっているものを買う、上がっているものを売る」という逆張り投資に走りがちです。しかし株式投資では、株価の流れに乗って売買する順張り投資も大切です。「高いほど買いたくなる」という〝ブランド志向〟の投資家が続々と現れて、上昇トレンドが続いている株は魅力的です。「安くても売りたい」投資家が次々に出現する下落トレンド真っ最中の株をカラ売りするのも悪くありません。現在のトレンドに追随する「**トレンドフォロー**」の手法を究めてください。

株価のトレンドは、**移動平均線の並び**で決まります。「5日線＞10日線＞30日線＞50日線」という完璧な上昇トレンドで並んでいるときは、迷わず買いで勝負します。

トレンドフォローの目安となる矯正ギプスのようなシグナルが「**ものわかれ**」です。150ページに、ものわかれを単純化した図を載せておきました。

「上向きの10日線の上で、5日線がいったん下落して10日線に近づいたものの、接することなく『ものわかれ』となって、また上昇し始めたら買い」

「下向きの10日線の下で、5日線がいったん上昇して10日線に近づいたものの、接することなく『ものわかれ』となって、また下落し始めたら売り」

いずれも〝接することなく〟がポイントで、5日線が10日線を割り込む（または抜ける）ことがあってはなりません。

5日線が10日線に対して離れて（ものわかれて）いく瞬間には、必ずといっていいほど、ローソク足が5日線をまたぐ下半身・逆下半身が発生しています。こちらもセットでチェックしていくと、より的確に売買ポイントを探せます。

ものわかれは「押し目買い」や「戻り売り」と似ています。しかし、上昇局面が調整し

「ものわかれ」の買いパターン、売りパターン

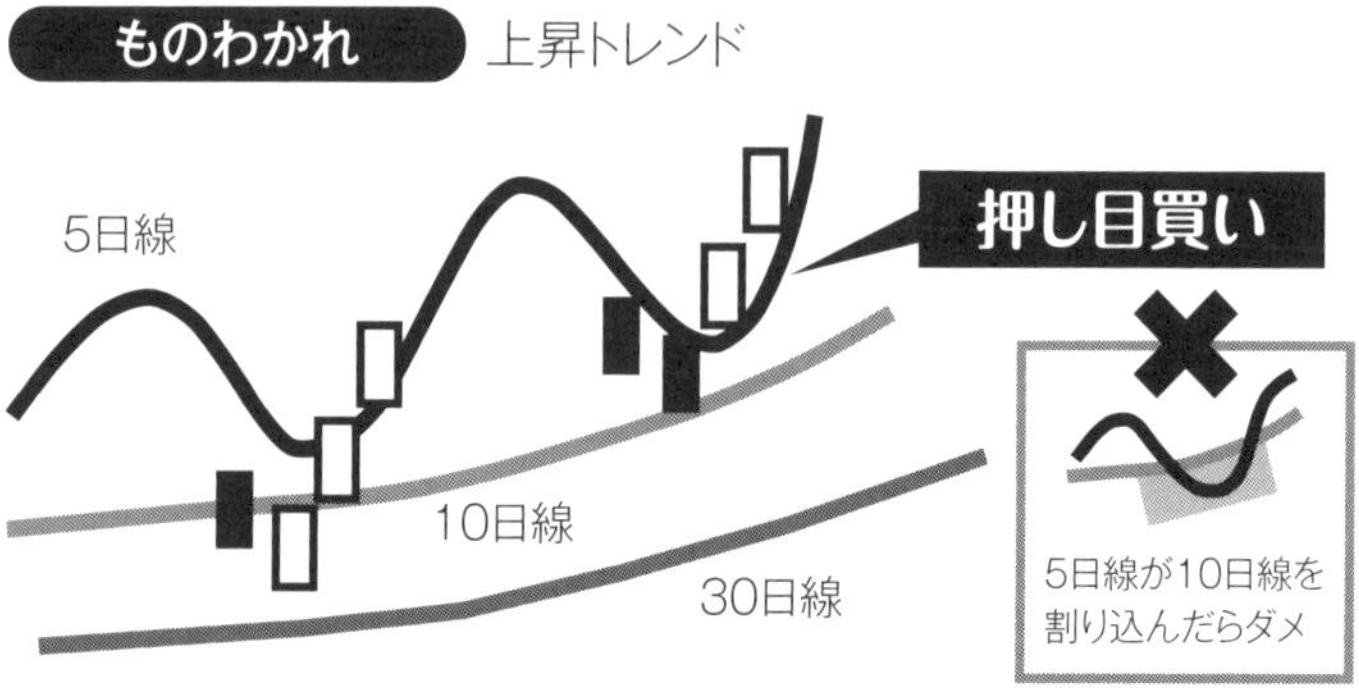

上昇トレンド継続中に5日線が10日線近くまで下落後、再上昇。
上昇トレンド加速シグナル

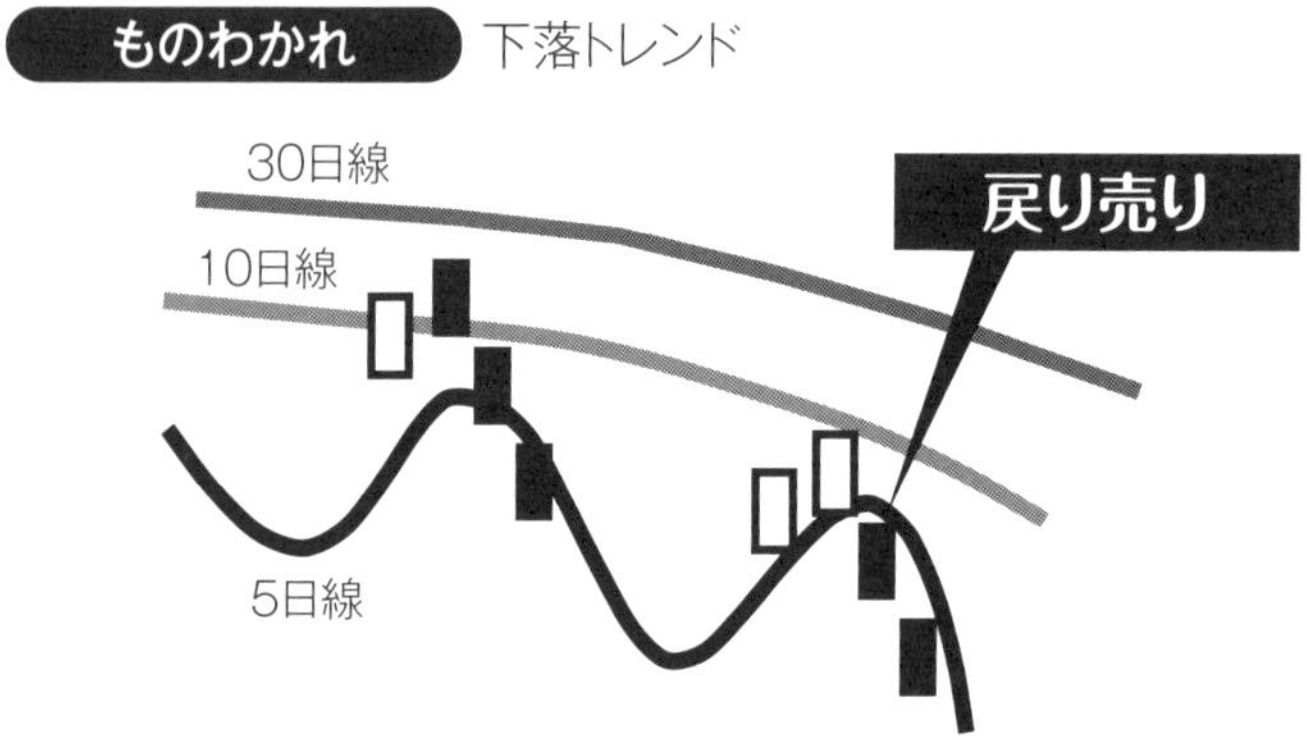

下落トレンド継続中に5日線が10日線近くまで上昇後、再下落。
下落トレンド加速シグナル

たときの陰線で買うことが多い押し目買いと違い、**ものわかれは再び陽線で上昇が加速したところを狙う**ので精度が高まります。下落局面のものわかれでは、陽線でなく陰線が出て、再び株価が5日線を下に抜け、下落が加速したところを狙います。

63 「N大」「逆N大」で大相場をモノにせよ

トレンド転換した直後に反対方向に戻る動きが出たものの、再びトレンドが加速していく初動段階に出現するシグナルが「**N大《にちだい》**」「**逆N大《ぎゃくにちだい》**」です。

N大は「5日線が10日線を上抜けて上昇トレンドに転換したあと、いったん10日線近辺まで下がったあとに再び上向き転換して、上昇が加速するシグナル」です。5日線が上向きの10日線上で**Nの字を描いて動く**ので、某私立大学の名を拝借して命名しました。

逆N大は「5日線が10日線を下抜けて下落トレンドに転換したあと、10日線近辺まで上昇したものの、再び逆Nの字を描いて下落が加速するシグナル」です。

N大、逆N大でトレンド転換が加速する

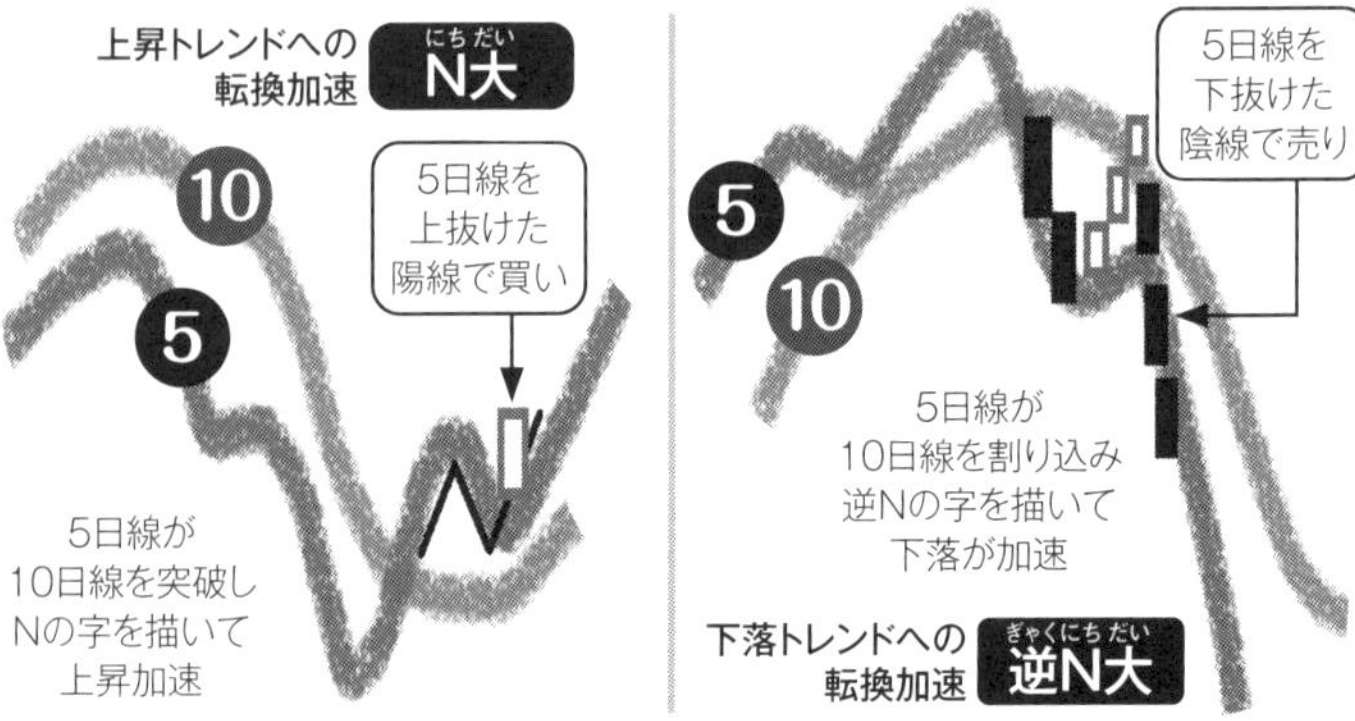
上昇トレンドへの
転換加速
N大《にちだい》
10
5
5日線を
上抜けた
陽線で買い
5日線が
10日線を突破し
Nの字を描いて
上昇加速
5
10
5日線を
下抜けた
陰線で売り
5日線が
10日線を割り込み
逆Nの字を描いて
下落が加速
下落トレンドへの
転換加速
逆N大《ぎゃくにちだい》

シグナル完成のときには、下半身または逆下半身もセットで出現することが多いので、わかりやすいかと思います。**下半身→くちばしに続いてN大が発生**したら、相場流オリジナルシグナル3点セットの完成です！　買いで大勝負すればかなりの確率で利益を得ることができるでしょう。

N大や逆N大が発生すると、そのまま大相場に発展する可能性も高く、おいしい局面になります。「株塾」の塾生の検証結果では70%後半から80%近くの確率でトレンド転換につながっています。

チャートがN大の形になることを投資家心理の面から説明すると、こうなります。

「ローソク足や5日線が10日線を上に抜けて上昇トレンドに向かっているが、本当にこのまま上昇するのか確かめるためにいったん下がった。その後『大丈夫そうだな』と、投資家の疑いが払しょくされ、**迷いが晴れてトレンドが加速する動き**」

だからこそ、N大が完成すると、そこからは大相場につながりやすいのです。

N大は5日線、10日線が上向きでそろったあと、5日線がいったん下がって10日線に近づく動きなので、ものわかれの一種ともいえます。しかし、それが**トレンド転換した直後に起こる**からこそ、威力も絶大なものになるのです。

64 「赤のW天井・W底」で出動か手仕舞いの準備をせよ

一つのトレンドが終焉して、次のトレンドが生まれるときに出現するシグナルが**「赤のW《ダブル》天井《てんじょう》・W《ダブル》底《ぞこ》」**です。5日線の形に注目したシグナルなのですが、相場流のカラーチャートではいつも5日線を赤色で描画しているため、「赤の」という名前をつけました。覚えやすいでしょう？

赤のW天井は「上昇トレンドが長期間続いたあと、5日線が逆Wの字を描いて、上げて下げて、再び上昇したものの、前の高値に跳ね返されて下落する弱い動き」です。**上昇トレンドが終了するシグナル**になるので、買いポジションを持っていたらさっさと手仕舞うべきポイントとなります。もちろん、**新たな下落トレンド発生を狙ったカラ売りを入れるチャンス**にもなるでしょう。

反対に、赤のW底は「下落トレンドが一定期間続いたあと、5日線が下落、上昇、再び下落したものの、前の安値を下回らずにWの字を描いて再上昇する底堅い動き」です。

赤のW天井と真逆で、下落トレンドの終了と新たな反転上昇トレンド開始のシグナルとしてとらえてください。

赤のW天井、赤のW底のいずれもローソク足そのものではなく、ローソク足より少し動きのゆるやかな5日線を使ってWの形状ができたかどうかを判断するので、精度の高いトレンドシグナルとして使えます。

W天井の場合、5日線で2回の高値をつけるわけですが、そのうち**2回目の高値の位置**

赤のW天井・W底は5日線の形で判断

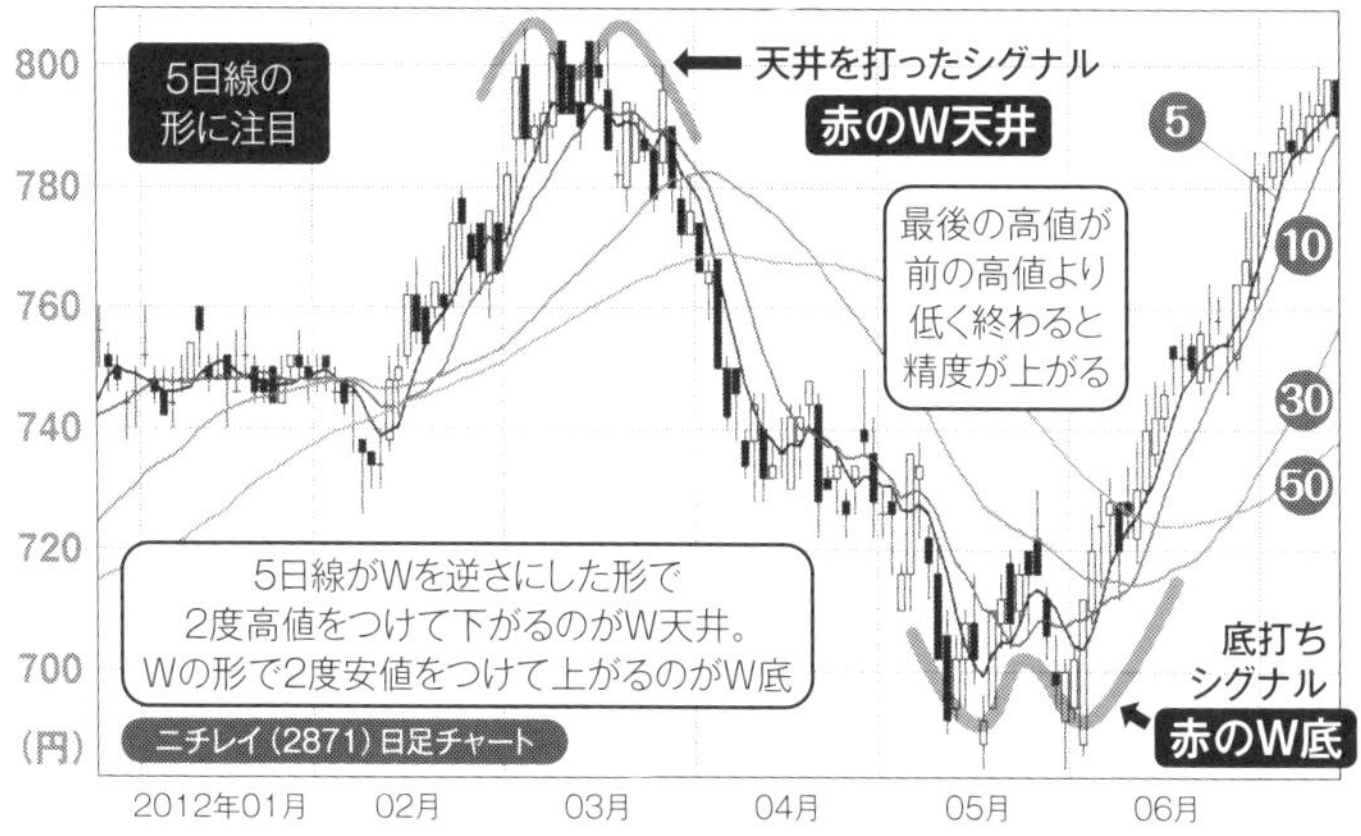

が１度目よりも低いほうが、より勢いが弱いことを覚えておきましょう。より勢いが弱い＝下落トレンドへの転換が起こりやすくなるということです。

2度つける高値・安値の高低差や、その際のローソク足の値動きにも気を配れば、相場の天井や底をぴたりと見つけて、いち早くトレンド転換に乗れます。

期間の短い5日線なだけに、ローソク足と絡み合って見づらい場合があるかもしれません。そんなときはいったんローソク足の表示を消してみてください。チャート画面が一気にスッキリして、赤のW天井・赤のW底を見つけやすくなります。

65 「PPP」で自信を持って保有せよ

株価の一方通行の上昇が続いているときは、期間の短い移動平均線のほうがローソク足を追って素早く上昇していきます。そのため、移動平均線の並びは5日線＞10日線＞30日線＞50日線となり、すべての移動平均線は上向きです。この「5日線＞10日線＞30日線＞50日線」という並びが続く間はいつ買ってもパンパカパ～ンと利益が伸びていきます。

相場流では「5日線＞10日線＞30日線＞50日線」という完璧な上昇トレンドの並びを「**PPP**《ぱんぱかぱん》」と呼び、買い継続の最強シグナルと見なしています。

反対に、移動平均線が上から「50日線＞30日線＞10日線＞5日線」の順に並んでいる状態は「**逆PPP**《ぎゃくぱんぱかぱん》」です。このとき売りポジションを保有し続けると大きな利益が上がる、いわば〝フィーバータイム〟です。

PPP、逆PPPはポジションを保有し続ける根拠になるだけではなく、エントリーの

「PPP」「逆PPP」を形で覚える

移動平均線の並びが

PPP

5>10>30>50

逆PPP

50>30>10>5

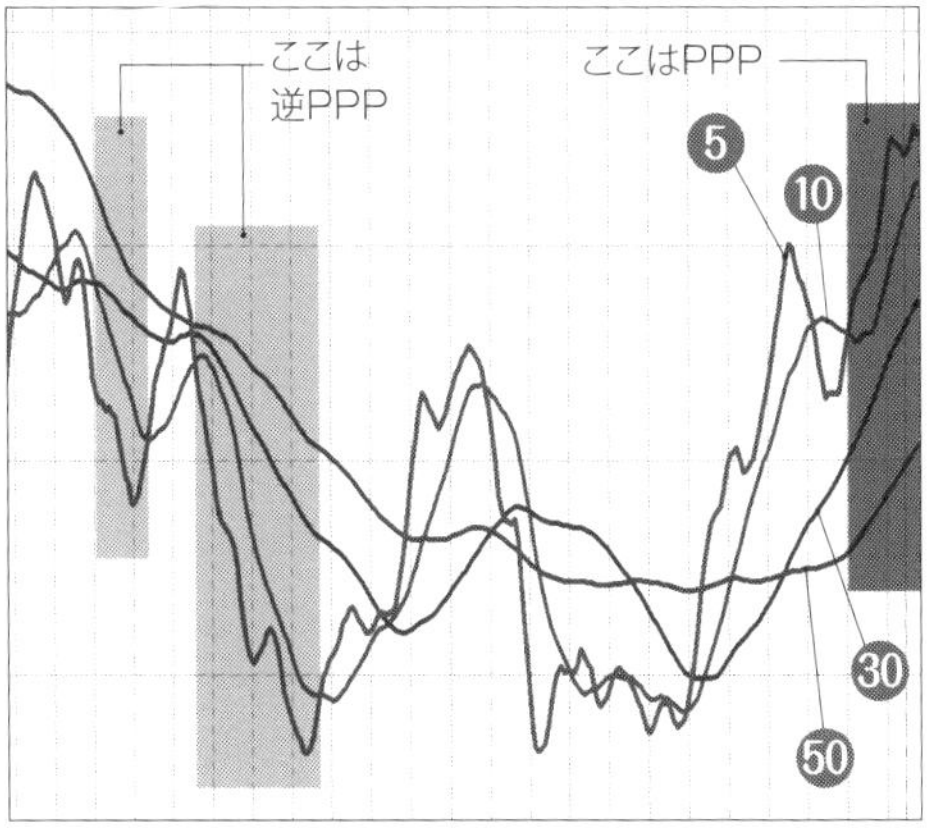

※チャートはイメージです

ポイント探しにも使えます。移動平均線の並びが「5日線＞10日線＞50日線＞30日線」や「10日線＞5日線＞30日線＞50日線」など、もう少しでPPPになりそうならスタンバイ。株価の上昇によりPPPが完成した瞬間にすかさずエントリーします。もちろん、逆PPPが完成する直前はカラ売りエントリーのチャンスです。

PPP、逆PPPに関しては日足だけでなく、週足、月足チャートでの完成状況もチェックすると、より安心でしょう。週足、月足レベルでもPPP、逆PPPが完成していたら、非常に長く強く上昇・下落トレンドが継続している証拠です。

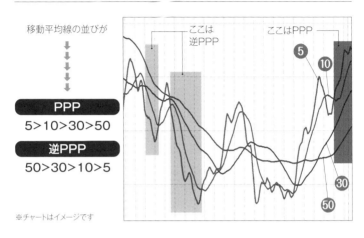

66 「PPP」の完成形を頭に焼き付けよ

159ページの図は運送会社のNXホールディングス（日本通運）の日足チャートに出現したPPPと逆PPPです。この非常にきれいな形をまず頭に焼き付けてください。

PPPは移動平均線が「5日線＞10日線＞30日線＞50日線」の並びになっているときですが、5日線と10日線は株価の動きに合わせて大きく上下動します。この**5日線と10日線の動きに惑わされず、30日線と50日線の向き、間隔**に注目してください。

上昇トレンドが完璧なときは30日線と50日線が一貫して右肩上がりで、しかも両者の幅が広がっていくか、一定の間隔で推移していることがわかるでしょう。**30日線、50日線の安定感がPPPの生命線**です。

ローソク足や5日線はその間も上下動を繰り返していますが、1度も30日線のところまで下がらず30日線を下支え役に、全体として見ると上昇していれば安泰といえます。

PPP・逆PPPやその直前の移動平均線の形が肝

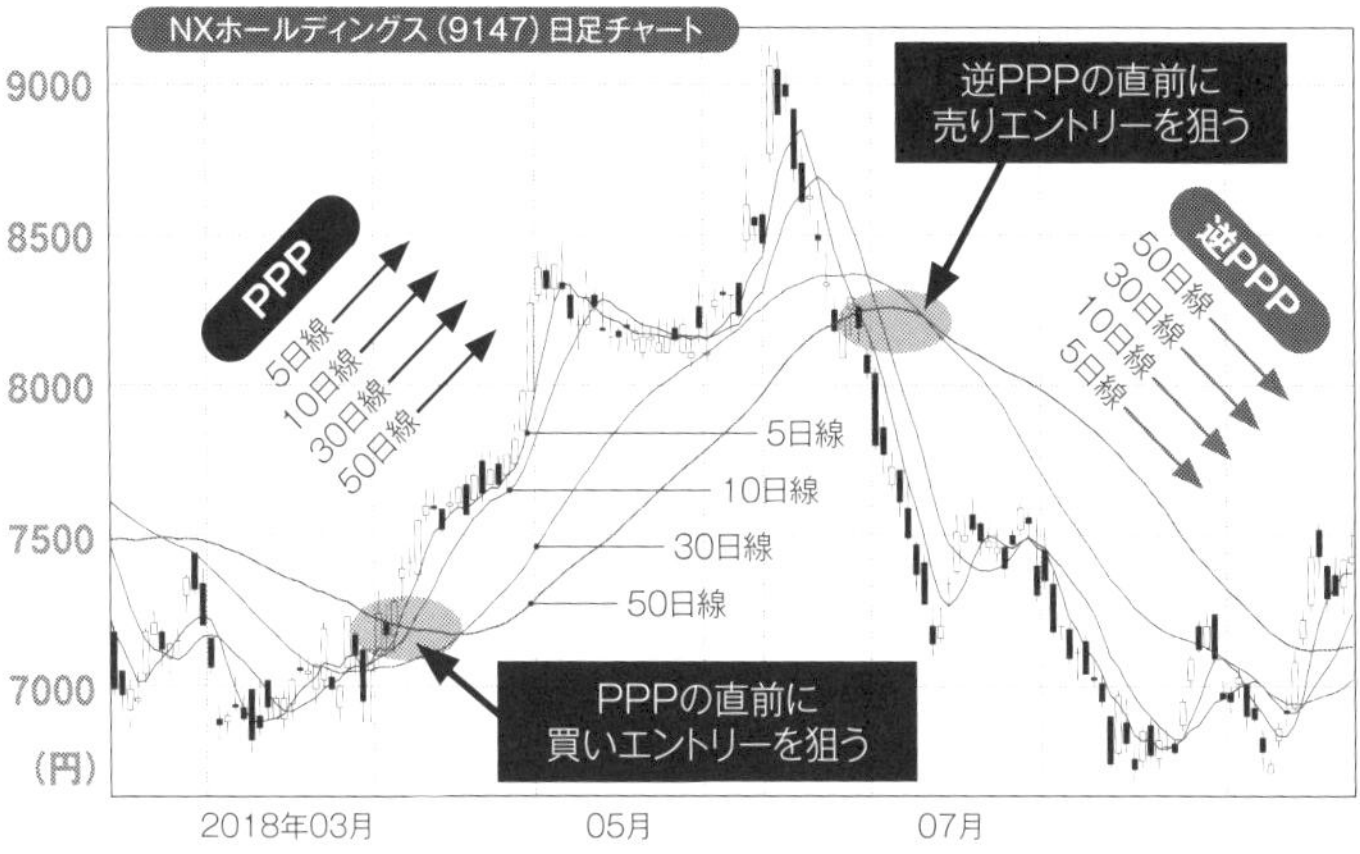

一方、図の右側では逆Vの字の形で天井を打って株価が下落し、逆ＰＰＰが完成しています。こちらも30日線と50日線が鋭く交差したあと、その間隔がどんどん広がっています。**30日線と50日線の下方カイ離こそ、安定した逆ＰＰＰの生命線**です。この状態が続いている間はローソク足や5日線が少し上昇しても売りを継続します。

ＰＰＰ、逆ＰＰＰは一朝一夕にできるものではないので、「そろそろＰＰＰだな」と事前に待ちかまえられるのがいいところです。5日線から50日線がねじれた形になり、位置関係がすべて変わったところでエントリーしても十分に利益を取れます。

67 「PPP」は〝ゴキブリ〟である

PPPが続く限り、買いを継続すれば利益が増え続けます。逆PPPが続く限り、カラ売りをしていれば、やはり利益が増え続けます。PPPや逆PPPは、株式投資の〝理想郷〟のような存在。しかし多くの投資家は「こんなに長い間、上昇が続くわけがない！」「そんなに下がりすぎるのは絶対おかしい」と、早めに手放してしまいがちです。大河ドラマのような鉄板のシナリオができているというのに、もったいないことです。

そういった握力の弱い（握る力が弱い＝早めに手放してしまう）人たちのために戒めとして私が作った掟、それが「『PPP』は〝ゴキブリ〟である」。**叩いても叩いても復活する、しつこい（でも可愛い）存在**です。

同じPPPでも強いPPPと弱いPPPがあります。強いPPPは、移動平均線の上向きの角度が強く、上昇するにしたがって移動平均線同士の間隔がどんどん広がっていくような形で推移します。

一方、弱いPPPは、一応「5日線＞10日線＞30日線＞50日線」という並びが断続的に続いているものの、移動平均線の上向き角度が甘くなります。5日線、10日線が下を向くことも多いです。時に横ばい状態でのたうち回り、**移動平均線同士の間隔が狭くて、ねじれていて、広がりそうにない**動きになります。

株価というのはどんなに強い上昇トレンドであっても、毎日のように大陽線をつけて果てしなく上昇することはありません。何日かに1回は陰線をつけて下落し、また勢いが復活して上がり始めるといった動きを繰り返します。

やがて、上昇力が弱まると、株価が高値を更新できなくなって天井圏を形成。そこですったもんだともみ合いながら下落トレンドに入るのが、よくある流れです。

強いPPPの場合、下落っぽい動きになり、「いよいよ本格的に下がるかな？」と思っても再び復活するという動きを繰り返します。ローソク足の陰線が目立つようになって、5日線は右肩下がり、10日線も横ばいから下向きに転じて、ともに30日線を割り込んでしまうこともあります。「今度こそ絶対、終わり」「いくらなんでも、もうそろそろ下がるだろう」と思っていても、また上昇するのです。うれしいが、しつこい！

強いPPPでは、天井圏で株価が大暴れする傾向も強まります。通常、天井圏では高値を更新しなくなるので、ゆるやかな値動きの横ばい相場が続くものです。

それが強いＰＰＰの場合、高値を更新しなくなったかに見えて、再びすさまじい上昇を見せるなど、天井圏での粘りも相当なもの。陰線３本をつけ、弱くなったかなと思うと、突如、復活上昇してきたりします。そして、再び陰線が多くなって下落しますが、数日するとまた復活。こんなことが何度も繰り返されます。

上値に叩かれて死んだように見えても、実は生きていて、すぐに復活し、動き始める。そしてまた叩かれ、今度こそ死んだかと思っても、また復活する。**まるで〝ゴキブリ〟のようなしぶとさ**こそが、強いＰＰＰの値動きの特徴なのです。

天井圏からの下げを狙って、いち早くカラ売りを入れてしまったトレーダーにとっては胃の痛くなるような場面となるでしょう。１６３ページの大東建託やＭＩＸＩの日足チャートが、まさにそんな強いＰＰＰの値動きを示しています。

大東建託の場合、Ⓐのゾーンでいったん移動平均線が横ばいになってもみ合い、下落ト

もう下げると思ってもPPP継続中なら再上昇

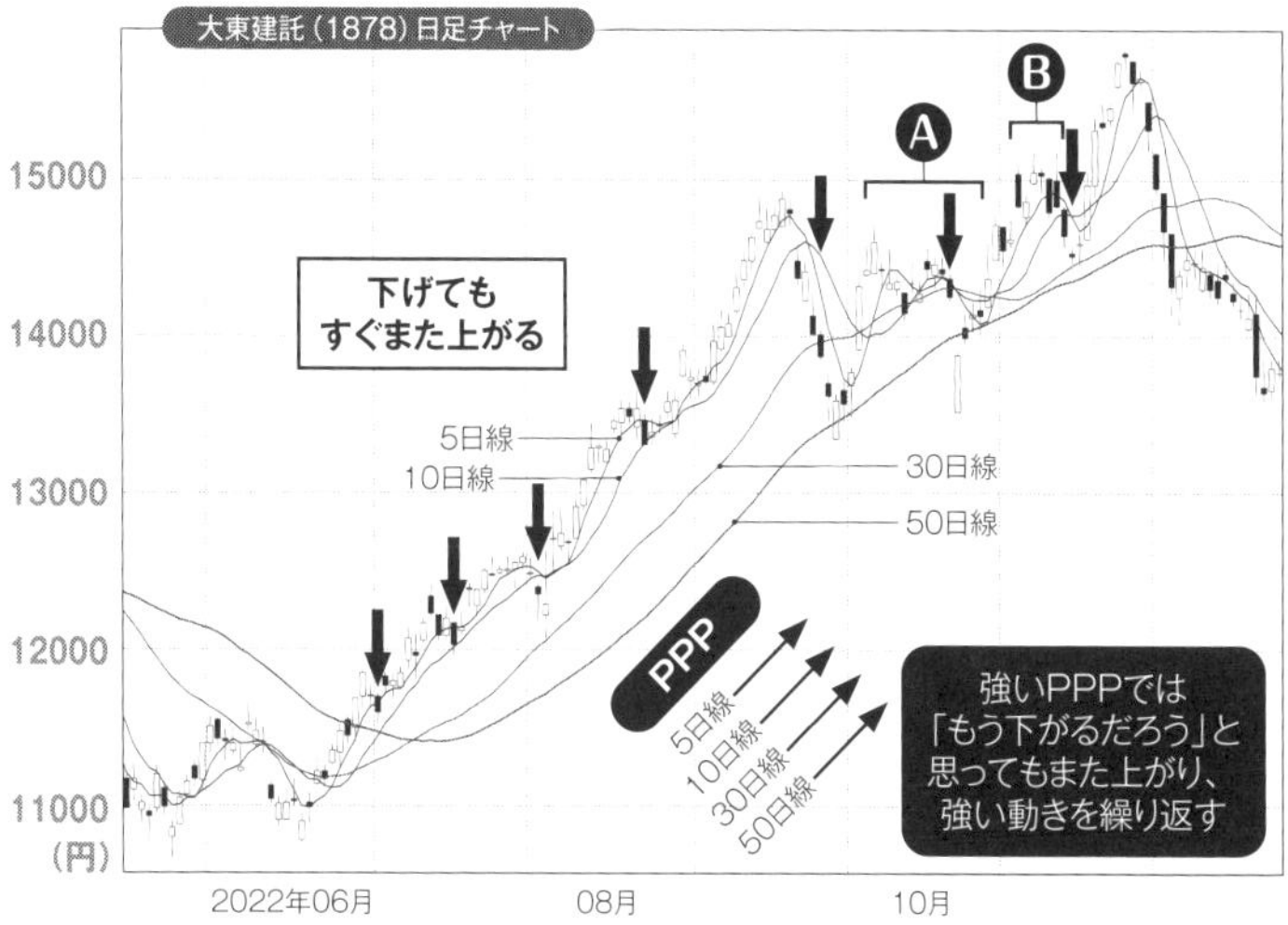

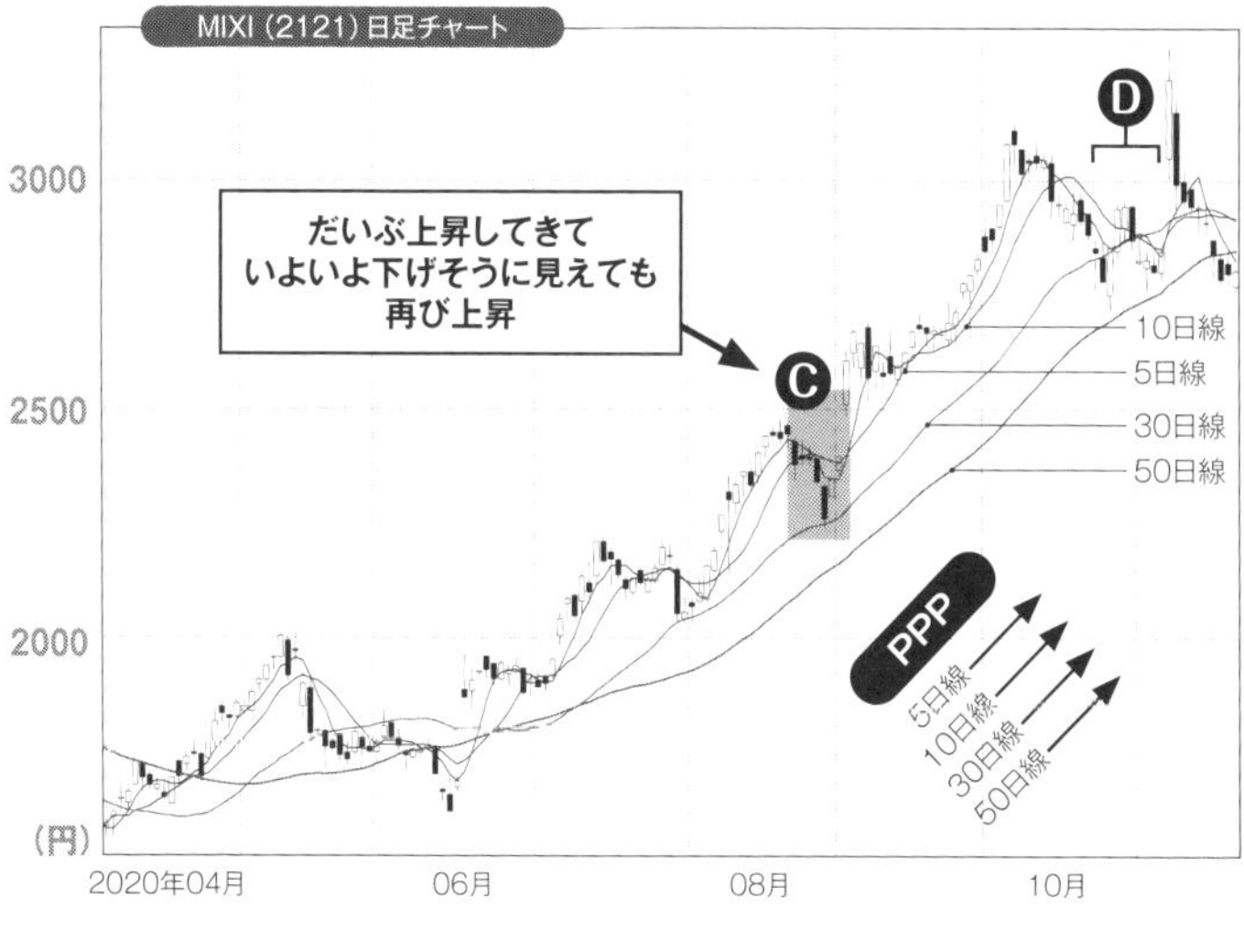

レンド入りが濃厚になっています。しかし、そこから再び上昇。途中、Ⓑのゾーンで陰線が連発したので「さすがに下げる」と思いきや、最後に一花咲かせて急騰したあと、ようやくおとなしくなりました。

下のMIXIも、非常にきれいなPPPが続いていましたが、上昇開始5カ月目のⒸでの急落は「そろそろ下落トレンド入りか」と思うことでしょう。しかし窓を開けて再上昇。上昇7カ月目に達したⒹのゾーンでは、5日線や10日線が下向きに転じて30日線を下抜けたにもかかわらず、最後の悪あがきで〝往生際の悪い〟上ヒゲ大陽線が出現したあと、ようやく静かになりました。**強すぎるPPPには決して歯向かわないように**しましょう。

68 得意ワザを4つマスターせよ

ここまで相場流のさまざまな売買シグナルを紹介してきました。どれも高精度で、素早い投資判断が可能になる〝必殺シグナル〟です。

「早速、全部使ってみよう」と意気込まれる方も多いかもしれません。しかし、初心者の方がすべての技を完璧に使いこなすには、少なくとも過去の株価チャートのローソク足を1本1本読み解いていくチャートリーディングをのべ3000年分やったうえで、実戦でも10年ぐらいの試行錯誤が必要になります。

人間には得意、不得意があります。まずはここまで紹介した「下半身・逆下半身」「くちばし」「ものわかれ」「N大・逆N大」「赤のW天井・W底」「PPP・逆PPP」の中から、得意技を見つけて、一つずつ着実に究めていってください。

下半身・逆下半身や9の法則・17の法則・23の法則は相場流トレードのベースになる基本のシグナルや法則なので、まずはこのあたりから始めるといいでしょう。

それ以外のシグナルはトレンド転換やトレンドの継続・加速、高値圏・大底圏の見極めなど、登場する場面が違います。整理すると、

●トレンド開始早々…N大・逆N大

●トレンド継続場面…PPP・逆PPP、ものわかれ

●天井圏・大底圏…赤のW天井・W底

●トレンド転換場面…くちばし

となります。すべての場面で売買するのではなく、まずは、値動きの中のどの局面が自分にとって一番やりやすいかを試す必要があります。

上がり続けているときに買うトレンドフォローが一番やりやすいと思うなら、**下半身＋PPP**に慣れましょう。買いでうまくいくようになったら、信用取引口座を開設して、**逆下半身＋逆PPP**シグナルをカラ売りで取る組み合わせにも挑戦します。

さらにトレードしていくうちに、**ものわかれや9の法則・17の法則・23の法則**も加えて判断できるようになれば、トレンドフォローの売買において、たいていの場合に利益を上げられるようになります。

より大きな利益が得られるトレンド転換を狙うなら、**W底・W天井＋下半身・逆下半身や下半身・逆下半身＋くちばし**という組み合わせもいいでしょう。

「得意技は4つぐらいあればいい」と私は思います。相場流の技を正確に使いこなせるようになれば、株で年1000万円を稼ぐことも難しい目標ではなくなります。急がず、焦らず、技の習得に励みましょう。

69 取引時間は大引け間際にせよ

相場流トレードの**実際の株の注文方法**についても解説しておきましょう。

相場流にはローソク足を隠し、移動平均線だけを表示して売買判断を下す手法もありますが、最終的に「株を買う」「カラ売りする」「決済する」という段階では、チャート上にローソク足を表示させてタイミングを決めます。

相場流では、「**ザラ場**」(売買がリアルタイムで行われている取引時間中)に株を買ったり売ったりしないのが基本です。もちろん、昼間に時間があって技術も向上しているならザラ場中に売ったり買ったりを繰り返してもかまいませんが、多くの売買をするよりも、なるべく1度の取引で多めに効率よく取ったほうがいいと思います。

仕事や家事、育児に追われて忙しい人で、かつ頻繁に取引したい人でも、**株式市場が終了して終値が決まる午後3時の大引け間際、もしくはその夜などに翌朝寄り付きの注文を**

入れるなど、1日1度だけ取引することをすすめています。
たとえば、ローソク足がその日、陽線で5日線を突き抜け、実体の半分以上が5日線の上に顔を出す下半身が完成しそうだったとします。下半身ができあがったかどうか判定できるのは終値ですが、終値の確定を待っているとシグナルが点灯した株をその日のうちに買うことができません。

だから「午後3時の大引け間際」と申し上げたわけです。その日のローソク足の形がほぼ確定するのが午後2時半から3時までの大引け間際ですから。

ローソク足が5日線を下から上に抜け、下半身完成が午後2時半の時点でほぼ確定していたら、株価を指定せずに買う成行《なりゆき》か、株価を指定して買う指値《さしね》で午後3時の大引け前に買い注文を入れます。

ところで、株の注文方法には「**引成**《ひけなり》」（午後3時の大引け時点で株価はいくらでもいいから買い、もしくは売りという注文）といって、取引終了時点の終値で成行買いする注文方法もあります。これなら午後3時の終値ぴったりで買えます。

もちろん、シグナル完成直後ではなく、一晩寝かせて、実際にそのシグナル通りの動きが出るのを待つ方法もアリです。その場合は翌朝午前9時の寄り付き（その日の最初の株価がつく）を待ちます。実際、シグナルが示す方向性で株価が推移しそうなら「寄成《よりなり》」（寄り付きの価格で約定するように成行注文を出すこと）の注文を出します。

前日にすでに買い（もしくは売り）シグナルが出ているので、実際にシグナル通りになった場合、利益の一部を取り逃がすことになりますが、逆にシグナル通りにならなかった場合の損失リスクを回避できるというメリットもあります。

翌日トレードは取引するかしないかを検討する時間がある点もいいところです。前日の終値時点で出ているシグナルが本当に正しいか、夜にチャートを見て吟味できます。

70 取引の理由をはっきりいえるようにしろ

取引時間は「大引け前」か「翌朝寄り付き」の2タイプと申し上げましたが、どちらかに決めたらあまり動かさないほうがうまくいくようです。チャートをよく見て、「なぜ今、自分はこの取引をするのか」を突き詰めて考えてから行動しましょう！

大切なのは**売買の理由を自分なりに明確化**しておくことです。当然ですが、売買判断には根拠が必要です。実際にその時々の株価チャートを見て、「移動平均線がこうで、ローソク足がああで、相場流のどのシグナルが点灯しているから買い（もしくは売り）」というように、自分が今、取引する根拠をせめて5つぐらいは列挙できる状態で注文を入れましょう。すぐ忘れてしまううちはノートに書いてください。**ノートに手で理由を書くことは、トレード技術の向上に直結**します。

というのも、「ただ、なんとなく儲かりそうだから」という理由で取引しても、うまくならないからです。お金は使えばなくなってしまいますが、株のトレード技術はあなたの血と肉となり、今後のあなたの人生を助ける貴重な財産になります。取引する理由が明確だからこそ、次の取引にも生かせる再現性が生まれます。

自分の売買を記録して、あとから見返してください。失敗したら「ここで、この理由が足りなかったんだ」と日々振り返ることで、次につながります。この振り返りが本当に大切。この先の充実した株人生のために、ぜひ身につけてほしい習慣です。

第5章

相場流 株メンタルの掟

71 間違えているのは相場ではない、あなただ

株の売買でうまくいかないと「この値動きはおかしい」「理屈に合わない」と、自分自身ではなく値動きのほうを責める人たちがいます。

そういう人の多くは、「これこれ、こういう理由で今後、株価は上がるはず。今、下げているのは一時的な要因に過ぎない」といった自分勝手な理屈や自己流の分析を行って、**自己正当化**しようとしがちです。

しかし、株価の値動きには間違いも正しいもありません。なぜなら、値動きが間違いだろうが正しかろうが、その方向性を正確に予測して、その動きに乗らない限り、永遠に儲からないからです。

つまり、相場は絶対で、値動きは常に正しく、100％〝神〟のように完璧で、その値動きを予測するのがあなただということ。ここでいう「相場」は株式市場のことで、相場

（あいば）師朗のことではないのであしからず！

当然、判断を間違えれば損失が出ますし、当たれば儲かる。それが株式投資というゲームのルールです。

高学歴、高収入の人に限って、これまでの人生で周囲から「優秀」「立派」「賢い」「偉い」とチヤホヤされているせいか、自分の失敗を株式市場のせいにして、自己正当化や自己保身に走りがちなので注意しましょう。

というのも、この手の**自己正当化は株式投資において危ない兆候**だからです。

「間違えているのは自分じゃなく相場だ（もしくは相場師朗だ）」といっているうちに、取引で生じた損失はみるみる拡大していくでしょう。

「やっぱり自分が間違いだった……」と泣きべそをかいて認める頃には、もう全財産の半分ぐらいを失っているかもしれません。

「間違えているのは相場だ」という言葉は、あなたの身を滅ぼしかねない危険ワードであり、**株式投資でお金を失ってしまう人がたいてい発する最頻出用語**でもあります。くれぐれも使わないようにしましょう。

72 メンタルをコントロールできてこそ達人

株式投資はお金が絡む世界だけあって、感情や欲望を抑えて**冷静、合理的、客観的に判断するクセ**をつけないと、ドロ沼にはまり込んでしまいます。

「株を買ったら下がったので、泣く泣く損切りしたら、そのあと急上昇した」

「株を買ったら上がったけど、もっと上がると思って売らなかったら、そのあと急落して結局は大損した」

株を始めると、こういった、くやしいと感じる場面に何度も遭遇することになります。そのくやしさから「倍返しだ」とさらにリスクの高いトレードに走る人もいます。儲かったら儲かったで「もっと儲けたい」と投資金額を倍にして足をすくわれる人も。

まるで〝人間悲劇〟いや〝人間喜劇〟を見るかのようです。感情や欲望に身をまかせてトレードしていると、自分に都合のいい解釈や自己正当化、保身、失った利益への未練や執着、こうむった損失に対する後悔や絶望など、心の中から〝毒素〟がどっと噴き出して、体中を埋め尽くすことになります。

こうなると、どんなお薬も効かなくなってしまいます。

株式投資では単に売買の技術を磨くだけでなく、**激しく揺れ動く自分自身のメンタルをしっかりコントロールする技**を身につける必要があるのです。

メンタルほど、つかみどころがないものはないので鍛えるのは難しい。でも、一ついえるのは「**株で損しても命まで取られることはない**」ということ。間違えたら謙虚に反省、素早く損切りして、またやり直せばいいだけです。

株は技術です。技術というのは、まず失敗から学び、経験値を高め、さまざまな知恵やノウハウを蓄積していくことで向上します。

人間の感情や欲望という、あまり進化が期待できないものにはしっかりフタをして、純粋に値動きのことだけを考えてください。

予測が当たればその勝因を分析する。はずれて失敗トレードに終われば、敗因をしっかり検証。2度と同じ間違いを繰り返さないように努力するのです。

とはいえ……人間というのは、**同じ間違いを何度も何度も繰り返す生き物**です。「自分はどうしても、この失敗パターンを繰り返してしまう」ということがわかったら、そうした場面でトレードすることをやめてしまいましょう。

「もっと儲けたい、絶対損したくない」とお金のことを考えるのではなく、「もっと株のトレードがうまくなりたい」と株取引の技術向上だけに全神経を集中させましょう。

そうすれば、自然と結果（お金）もついてきます。ローソク足以上に荒くれ者のメンタルを手なずけるのは、それほど難しいことではありません。

73 ネットの投資情報に心を奪われるな

インターネット上には「この銘柄は絶対上がる」「この商品に投資すれば元本保証で年率10％の利回り・配当」といった、根も葉もない投資情報や詐欺的な金融商品の宣伝が、これでもかというほど掲載されています。

そうした情報に惑わされてはいけません。そもそも、**どんな情報にも裏があると**考えてください。おいしい話はないのです。

「この株は絶対上がる」という情報がもし本当なら、株式市場は瞬時にその情報を織り込むので、すでに株価が急騰しているはずです。

「絶対上がる」という情報の多くは、その株をすでに大量に保有していて、高値で売り抜けたい大口投資家が、買い手を寄せ集めるためにわざと流したものである可能性が高いといえるでしょう。

また、「元本保証で年率10％のリターン」が得られるといった金融商品の宣伝を見かけますが、これも論理的におかしい。

２０２３年５月現在、米国の10年国債の利回りでも**年率４％以下**、東証プライムの予想平均配当利回りが**２・５％前後**しかない中で、元本保証で年率10％の利回りを得られる金融商品が存在するはずがありません。

少し知識や経験があればわかるような詐欺的な金融商品に引っかかってしまうのは、ひとえに、**「手っ取り早く、簡単に、ラクしてお金儲けしたい」という欲**のせいです。

株式投資で成功し続けるためには、相場流でも、何千年分ものチャートリーディングをはじめとする〝血のにじむような〟努力と鍛錬（実際は楽しくて、ワクワクする作業ですよ）が必要です。

ネットの投資情報に、大切な心や大切なお金を奪われないようにしましょう。

74 見切り万両、損切り1000万両

投資の世界には、さまざまな格言があります。ここからは、そうした投資格言を私、相場師朗流にアレンジし、掟として紹介したいと思います。

「見切り千両、損切り万両」は損切り、ロスカットの重要性を説いた格言です。投資した結果、含み損を抱えた株式の損失がまだ少ないうちに見切りをつけることには千両の価値がある。損失が拡大しないうちに早めに損切りする習慣には万両の価値がある、という教えです。いい言葉ですね。

たとえば、ローソク足が陽線で5日線を勢いよく上抜ける下半身シグナルで買いを入れたものの、直後にローソク足の終値が5日線を下回ったら、その売買は失敗と見なし、すぐに損切りします。

「ローソク足の終値が5日線を下回る」のは、下げにつながりがちですから売り、すなわち損切りが大正解です。

少し経験を積めば、そこでいったんカラ売りを入れ、上下の値動きをうまく〝泳ぎきる技〟も駆使できます。

しかし、初心者の方は「一つのトレードで失敗したら潔く損切り」を心がけたほうが、トータルで見た投資成績は向上するでしょう。

というのも、株式投資には何度もチャンスがあり、1度失敗したからといって泣かなくてもいいからです。次に勝てばチャラですし、勝ちが負けを上回ればトータルで勝ち逃げられることになります。

一つの失敗にうじうじこだわって、損失を引きずってしまう**精神的・時間的な損失のほうが、実際の金銭的損失より、何倍も何十倍も無駄、**かつ今後の投資成績にも悪影響を与えることでしょう。

見切りは1000両どころか万両の価値あり、損切りは万両どころか1000万両の価値がある、と心に刻み込んでください。

75「閑散」に利益なし

投資格言に「**閑散に売りなし**」というものがあります。売買が低調で値動きが乏しいときはすでに売りが出尽くした可能性が高いので、保有株を焦って売りさばくのはよくない、という考え方です。

私はこの格言に対して思うのですが、そもそも出来高や売買代金の少ない、閑散とした銘柄や相場に手を出すのが間違いです。

値動きが生まれるのは、投資家が買い手・売り手に分かれて、激しい売買を繰り返すからです。相場全体が上昇も下落もせず、非常に狭い値幅でもぞもぞと膠着《こうちゃく》しているときに、無理して取引しても、利益をひねり出すのは至難の業ではないか……と。毎日200万株以上の出来高がない銘柄は、そもそも値動きが乏しかったり、動き方を予想しづらかったりするので、手を出すべきではありません。まさに閑散に利益なしです。

全体相場が閑散としている期間のあとには、必ず上か下か、どちらか一方向に向かう新しい流れが発生します。ローソク足や移動平均線の変化に目を凝らして、明確なトレンドが出るまで忍耐強く待ちましょう。

76 頭も尻尾も取りに行け

株の売買では、最安値で買って最高値で売るのは不可能といわれます。「**頭と尻尾はくれてやれ**」は、相場の天井や大底を無理して取りにいくことを戒めた投資格言です。

しかし、私にいわせれば、株価の値動きで**頭と尻尾ほどおいしい**ものはありません。「頭も尻尾も超・積極的に取りに行け」といいたいぐらいです。

というのも、相場の天井圏、大底圏には非常に特徴的な値動きが多く、横ばい相場などよりも利益を上げやすいからです。

株価が天井圏に達すると、相場流シグナルの**赤のW天井**のような、高値にトライしたのに更新できない動きが出現しやすくなります。

「陰の包み足」（前の陽線を完全に包み込むような大陰線が出現するローソク足の組み合わせ）や**「上ヒゲ陰線」**などの特徴的なローソク足も登場します。

長い移動平均線と短い移動平均線が収束して狭いゾーンに密集するなど、移動平均線もわかりやすい形になっていきます。

そんな明確なシグナルを無視して、あえて頭と尻尾を残すのはもったいない。

「あっ、ここは頭（大底）だ」と思ったら新たな上昇トレンド発生に備えて買いを仕込み、「あっ、ここが尻尾（天井）だ」と感じたら次の下落トレンドを見越してカラ売りを入れていく。天井圏、大底圏からのトレンド転換だけを狙っても、十分稼げます。

相場流には**9の法則・17の法則・23の法則**という、値動きの頭と尻尾を見極めるための分析テクニックもあります。ぜひ活用して、頭も尻尾もすべて取りに行ってください。あらゆる値動きから利益を生み出せるように、ひたすら技術を磨き、技を究める。それが株職人として生きる道です。

77 当たり屋はいない

株式投資の世界では、**「当たり屋につけ」**といって、勝っている人、当たっている人、運のある人に便乗したほうがいいとされています。**「勝ち馬に乗れ」**なども、同じ類いの教えでしょう。

しかし、株式投資は自分自身の技術と経験値だけで利益を生み出す地道な作業です。当たり屋と同じことをして儲かるほど簡単なものではなく、逆に自分のペースを乱されて損をしてしまうのがオチです。

株式投資で利益を出す方法は、1000人の投資家がいれば1000通りの方法があります。相場流売買シグナルには下半身・逆下半身をはじめとしてさまざまなものがありますが、その使いこなし方も人によって違うのです。そして、シグナルによって得意・不得意が出ます。ものわかれを使ったトレンドフォローの押し目買いがすごく得意な手堅い人もいれば、トライ届かずや赤のW天井を頼りに天井圏からの株価暴落をカラ売りでダイナミックに取れる勇猛果敢な人もいます。

その人の個性や力量、シグナルや銘柄との相性、得意・不得意な局面によって、トレードの手法も変わります。

株式投資では敵（株価の動き）を知るだけでは勝てません。己（自分自身）を知って、メンタルをきちんと整えない限り、百戦百勝とはいきません。

「敵を知り、己を知れば百戦危うからず」という孫子の教えが、もっとも端的に株式投資の成功法を示したものだと思います。

私は、事前の練習を最重要視しています。だからこそ、株の取引がうまくなるためのさまざまな練習法を編み出しているのです。本書でも紹介した、過去のチャートのローソク足を1本1本進めて、「次のローソク足がどうなるか」を自分なりに考えるチャートリーディングがその代表例です。

自分自身でみっちり練習して、投資のテクニックを体に沁み込ませない限り、株で勝ち続けることはできません。

当たり屋を探すという他人頼みの考え方は捨てて、一生モノの財産になる自分自身の技を磨きましょう。

78 買うな、売るな、休め

「**休むも相場**」という格言も有名です。トレードしない日があってもいいのは、個人投資家の特権です。なぜなら、トレードしなければ儲かることもありませんが、損することもないですから。

株価の値動きの中には「ここは超上級者でも難しい」という局面が多数あります。株歴40年以上の私なら、どんな難局もうまく乗り切れますが、初心者には難しすぎる値動きが山ほどあります。

たとえば、トレンド相場の途中で上でもない下でもない横ばい相場が延々と続く局面。大きく上げたあと急落したものの再び急上昇する乱高下相場。トレンド転換かと見せかけてトレンド継続に転じるフェイク局面。どれもやりづらいことでしょう。

「休むべき相場」は移動平均線の傾き、並びで判断できます。5日線、10日線、30日線、50日線がすべて横ばいで複雑にもつれ合い、ローソク足が上下に行ったり来たり、乱高下を繰り返したりする動きをしていたら、手を出さないでください。相場自体が「ここは休め」と教えてくれているのです。

ただし、「買うな、売るな、休め」という場面でも、株式市場をまったく見ないで、100%休むのはどうかと思います。そんなときこそ絶好の勉強データーとなるからです。

トレンドがなく、取引しづらい値動きが一定期間続いたあとには、必ずといっていいほど上か下に勢いのある新たなトレンドが生まれます。その様子を見守ってください。

「休め」といわれている局面は、これから動くためのエネルギーを充電している期間。充電期間が長いほど、次に起こる新たな一方向の動きは大きく、稼ぎやすいものになります。フレッシュで勢いのあるトレンド相場の初動段階こそ、個人投資家にとって一番のご褒美といえるでしょう。

しっかり休んだあとにこそ、確実に大儲けできる局面が来ます。たとえ休んでいても1日15分は相場の値動きを観察する習慣をつけましょう。

79 押し目はチャートが教えてくれる

上昇の勢いが強い中で、株価の一時的な下落や調整を狙った押し目買いをしようと思っても、そのチャンスがないことを**「押し目待ちに押し目なし」**といいます。

確かに、株価の急騰局面には押し目がまったくないケースも存在します。しかしチャート読解の練習を続ければ、買いを入れるタイミングを見つけにくいときも、ちゃっかり飛び乗ることができるようになります。

これには9の法則、17の法則が役立ちます。ローソク足が窓を開けて一方通行で上昇していて、高値づかみが怖いような状況でも、その上昇がまだ陽線5～6本目なら参戦してもいいかもしれません。9の法則からいって、あと数本、陽線を連発して、上昇が続く可能性があるからです。こういった目安を知っていれば、押し目の見えない急騰相場に飛び乗ることができるでしょう。

飛び乗った途端に陰線で5日線を割り込んだら初心者はすぐに損切り。上級者はカラ売りを買いの株数以上に（一時的に）入れてみる、など急騰・急落の〝両にらみ〟で攻めるのもいいでしょう。

身も蓋もありませんが、「押し目待ちに押し目なし」といわれるような**急騰直前に、すでに買いを入れているのが最も理想的**です。

上昇相場の移動平均線の並びが完成したものの、5日線がいったん下がってN大シグナルが形成されそうな状況は急騰前夜の典型例となります。

また「移動平均線が横ばいから多少上向きに転じている。株価自体は横ばいで推移していて、なかなか上昇しない。でも底堅そう」——こんな雰囲気が出ていたら、その後、いきなり急騰するケースもよくあります。

押し目待ちに押し目なし、といわれる状況ですでに株を買っていたら、押し目がないほどの上昇なので、どんどん利益を積み上げることができます。具体的には**ローソク足が1度も5日線を下回らずに上昇し続けている限り、利益確定をする必要はありません**。すでに買い注文を入れている人からすれば、放置しているだけでザクザク利益が積み上がっていく〝フィーバータイム〟の始まりです。

まっすぐ右肩上がりで押し目のない急騰が起こりそうな局面は、事前に、チャート上のローソク足と移動平均線が教えてくれるのです。

80 落ちるナイフにもつかみ方はある

「落ちてくるナイフはつかむな」という、欧米でも有名な投資格言。株価暴落中に「安いから」「こんなに下がるのはおかしいから」という理由で株を買うのは禁物という教えです。落ちてくるナイフを素手でつかんだら、手が切れて血だらけになりますから。

私は「つかみ方はある」と思っています。買いという武器しか持たずに株式投資をしているなら、確かにさわらないほうが無難でしょうが、**カラ売りも買い同様に駆使する相場流**では、暴落局面もおいしいからです。

「落ちてくるナイフ」と形容されるように、株価は下がるほうがスピードも勢いも激しいものです。獰猛《どうもう》な下げをカラ売りで取れたときの利益は、上昇相場の値動きで積み上げる利益とは比べ物になりません。

また、どんな急落相場でも、カラ売りした投資家の利益確定により急に反転上昇する局面が出現します。そこは買いで狙うのも相場流の常套手段です。

下げ止まりの合図は「下ヒゲが極端に長い陰線」「いったん横ばいでローソク足が並んだあと、レンジ相場の上限をローソク足が越えていく動き」などが代表的です。

どんな暴落も上値にある下向きの移動平均線をガイドラインにして下がっていくものなので、ローソク足のすぐ上にある5日線、10日線の傾きやローソク足との位置関係に注目すれば、暴落途中の急激なリバウンド上昇を細かく取ることもできます。

さらには9の法則、17の法則、23の法則を使って、暴落が終わる局面を察知できれば、次のリバウンド上昇を狙ったタイミングも決めやすくなります。

暴落の速度や値幅がすさまじいほど、その後の反転上昇の勢いも大きなものになります。「暴落→その後のリバウンド上昇」をワンセットと考えて、カラ売りでも買いでも取れるようになりましょう。

相場流を学べば、落ちるナイフの正しく安全なつかみ方がわかります。

81 株の将来性を買うのではない、すべてはタイミングである

相場流では、業績や財務などを紐解くファンダメンタルズ分析は一切しません。宝くじに当たるような確率でテンバガー（株価が10倍になる）の銘柄に投資し、成功を収めたとしても、それは人生で1度か2度ぐらいのものでしょう。何度も連続してテンバガー銘柄を発掘し、株価が10倍になるまで、長期間お付き合いできるだけの強運や我慢強さを持っている人は少ないと思います。

長期投資で巨万の富を築き上げた米国の著名投資家、**ウォーレン・バフェット氏**は「投

資の神様」と崇《あが》められる存在ですが、その理由は彼の成功が〝神様〟といえるほど稀有で他人にはマネするのが難しいからではないでしょうか。

ファンダメンタルズ分析は再現性に乏しいのです。その点、チャートを使ったテクニカル分析は、株式市場に上場していて、多くの投資家が売り買いする出来高、売買代金の多い大型株なら、どの銘柄でも通用します。ある株の値動きで大きな利益を得たあと、別の株の値動きでもまた大きく稼ぐことができます。

特別に好業績でなくてもいい。全体相場が絶好調でなくてもＯＫ。日々、株価が普通に値動きさえしていれば、いつでもチャンスはあります。

あとは、それぞれのチャートの特徴を理解したうえで買いか、カラ売りかの正しい選択を行い、タイミングを間違えず取引すればいいだけ。まさに**再現性の宝庫**といえるのが相場流のテクニカルトレードです。

株を将来性で買うのはやめましょう。すべての利益の源は株価の値動きにあります。その企業独自の将来性、収益性、成長性などは関係ありません。値動きさえあれば、どの銘柄のどんな動きからでも利益を得ることが可能になるのです。

82 晴れてよし 曇りてもよし富士の山 元の姿は変わらざりけり

この言葉は、江戸時代末期から明治時代に活躍した剣の達人・**山岡鉄舟**《てっしゅう》が残したものです。山岡鉄舟は、江戸無血開城を決めた江戸幕府の勝海舟と薩摩藩の西郷隆盛の橋渡し役をした〝ネゴシエーター〟としても有名です。

明治時代には明治天皇の侍従として仕えました。鉄舟が50代の若さで亡くなったときは天皇も大変悲しまれ、鉄舟の棺が皇居のそばを通るとき、その棺を遠くから見送ったといわれています。

そんな鉄舟が残した言葉は私たちの「**心の動き**」について語ったもの。

「晴れているとき、富士山はクリアに見えます。でも、曇って見えないときも、その雲の向こうには富士山がちゃんと聳《そび》えていて、その形に変化はありません。結局、富士山が見えるか見えないかは、私たちの心次第」

「心が晴れ渡っていれば、雄々しく美しい富士山をはっきり見ることができますが、心が曇ってしまうとその姿を見失ってしまうものなのです」

株式投資にとっての富士山は株価の値動きです。欲や興奮、不安や恐怖で心が曇ってしまうと、正しい判断ができなくなってしまいます。

株式投資というのはお金が絡んでいることもあり、**精神的に大きな負担**がかかりやすくなります。

相場流は合理的な売買シグナルやチャート読解術を駆使することで、初心者の方でも勝率を上げやすく、極力、メンタルに負荷がかからないような手法になっています。

とはいえ、株価が自分の思い通りに動かず、損切りを迫られる場面が増えると、心も財布もダメージを受けると思います。

そんなときはぜひ、山岡鉄舟のこの言葉を思い出してください。

大きな損失や失敗トレードに対するくやしさで生じた曇りをぬぐい、冷静で寛大な心でもう1度、値動きを見つめ直してください。まずは深呼吸です。いつもと変わらない株価の値動きの本質（富士山）がクリアに見える日が、きっと来ます。

83 絵に描いた餅を現実の餅にせず耐える

株式投資では、損切りなども含めたリスク管理が最重要ですが、**利益を伸ばせるところまで伸ばしていく**ことも大切です。

行動経済学の理論によると、人間は1度得た利益を失うことをくやしがる傾向が強いそうです。そのため、取引して少しでも利益が出ると、それを失うのが怖くて、そわそわして落ち着かなくなります。安心したくて、すぐに利益確定してしまうわけです。

投資している金額が大きければ大きいほど、その傾向は顕著に表れます。「絵に描いた餅（含み益）」を「現実の餅（確定利益）」にしたくなるのです。

ひたすら耐えてください、といいたいところですが、相場流の教えを守れば、絵に描いた餅をより大きく膨らませるための忍耐力は最小限で済みます。

「ローソク足が5日線の上で上昇を続けて、**終値が5日線を下回らない限り、まだ上がる**

可能性のほうが高いから、ひたすらホールド」という掟に従うだけです。無の心で保有し続けていれば、ぎりぎりまで利益を伸ばすことができます。資産を最大限増やすための仕組みまで完備されているのが相場流です。

84 「真のチャンス」は月1回しかない

一つの銘柄の値動きの中で「これは絶対に行ける、大きな利益になる」と心から確信できるチャンスは、私の場合、月に1回か2回ぐらいしか訪れません。

掟7で「**己のストライクゾーンを決めておけ**」と述べましたが、〝これぞ、自分のどストライク〟という場面はそれほど頻繁には訪れないのです。

「私はトヨタ自動車とキーエンス」「僕はソニーグループとファーストリテイリング」など、お気に入りの銘柄の値動きだけを熟知して、その銘柄だけを追いかけていくのがトレードの技術向上においてのベスト・コースといえるでしょう。しかし、銘柄を絞り込んだ分、チャンスは少なくなります。お気に入り銘柄にチャンスが来るまでは、ただひたすら待つことになるでしょう。

初心者のうちは得意な銘柄も少ないので、それは当たり前のこと。無理に銘柄を増やして、不慣れな銘柄の見慣れない値動きで売買すると、失敗しがちです。

ただ、昨日もダメ、今日も見送り、明日もチャンスなし……となると、だんだん焦りや不安を感じるはずです。やる気（買う気）まんまんなのに、チャンスが来ない。いったい、いつになったらチャンスはやってくるのだろう。

その結果、ついついチャンスでもなんでもないボール球に手を出してしまうかもしれません。ビギナーズラックでちょっと成功して、**「取引したい病」**にかかってしまい、チャンスでもなんでもない場面にも手を出して、あっさり大損という憂き目にあう投資初心者のなんと多いことか……。

やはり、**休む度量、待てる忍耐力を養うことも、株式投資には必要**です。

「真のチャンスは月1回ぐらいしかないんだから、そんなに慌てるな」

欲望や邪念を捨てて、鷹揚にかまえていることが一番大切かもしれません。

85

欲にまみれるな、優先すべきは技術

「利益を出したい、早く億万長者になりたい」といった欲望だけで株式投資をしていると、必ず足をすくわれます。

たとえば、買った株に利益が出ているとしましょう。「早く利益確定しないと、このあと、下げてしまうかもしれない」と焦って利益確定してしまうことはよくあります。そのあと、株価がさらに上昇し、もし売らずに持っていたら利益は3倍以上になったのに……ということも、これまたよくあります。

それは仕方がないこと。獲得利益が足りなかったのではなく、あなたの技術と我慢が足りなかっただけのことです。

「どうして、こんなに早い時期に利益確定をしてしまったのか。移動平均線は5日線＞10日線＞30日線＞50日線のＰＰＰで完璧な上昇トレンド継続だった。ＰＰＰが崩れるまではホールドが大原則なのに、その掟を守らなかったことが敗因だな」と、利益を取り逃がした敗因を考えて、経験値として積み上げていってください。

逆に、相場流の教えではもう売りシグナルが出て利食うべきところなのに、ついつい欲に走って持ち続けて、すべての利益を吐き出してしまったというケースもあるでしょう。

そんなときも**「単にくやしがるだけの私」は卒業しましょう**。

「あのローソク足9本目の上ヒゲ陽線で、9の法則に従って利益確定しておけばよかった。次からは絶対に9の法則を意識してトレードするぞ」と**失敗を反省**してください。

利益よりも、常に優先すべきなのは成功や失敗の検証なのです。

86 THINK（考えよ）

かつて私が金融関連会社のサラリーマンだった時代、米国のコンピュータ会社IBMの研修所に通った経験があります。研修所のいたるところにはIBMの社是である「THI

ＮＫ（考えよ）」という言葉が書かれていました。

当時のＩＢＭといえば、今でいうアップルやマイクロソフトと同じ、最先端のコンピュータ技術を持つ花形企業。まったく新しい発想で新しいものを創造していくぞ、という意気込みや熱気が社内のいたるところに充満していました。

「（深く）考える」というのは、トレードを行ううえでも非常に重要なことです。

株のトレードを始めたら、すべての場面で「上がる可能性も下がる可能性もあって、どちらに行くかは誰にもわからない状況」に直面します。そんな不確実性の中で、「じゃあ、どっちに行くとお前は思うのか」と深く考えて、自分なりの仮説、そして結論を導き出します。勇気と信念を持って、大切なお金をかけて行動するのが株式投資です。

「上がるか下がるか」という一手先を考えているだけでは不十分です。「上がるという予想が当たったとき、どこで利益確定するのか」という〝出口〟についても深く考えておく必要があります。

「上がるという予想がはずれたとき、株価はどのように動くだろうか。その動きになったら自分はどう動くか」といった具合に、二手先、三手先もあらかじめ考えておかないと、的確な対応ができません。

ローソク足が陽線で5日線を勢いよく突き抜けて下半身シグナルが点灯したから買ったとしましょう。しかし、翌日は大陰線で再び5日線を割り込みました。

「なんだ、相場師朗のシグナルは当てにならないじゃないか」「またはずれたよ、うそばっかり」と他人のせいにするのは簡単です。しかし、**下半身シグナルがはずれたということ自体が実は新たなシグナル**だったりするのです。株式市場に〝いつもとは違った動き〟が生じているわけですから。

「このダマシは一過性のものか、それとも反対方向に動きが加速する前兆なのか？」

いつもと違う方向に動いたり、シグナル通りに株価が動かなかったりしたときこそ、大きな利益を得られるチャンスが来ているかもしれません。自分自身で常に考えていないと、そのチャンスにピンと来ることは永遠にないでしょう。

他人や相場のせいにせず、自分自身の判断で動くこと。誰にも頼らず、深くＴＨＩＮＫする。その向こうにこそ成功や勝利や希望があります。

それは人生も株式投資も同じです。

87

「ゆでガエル」になっていないか？

みなさんは「ゆでガエル」の話をご存じでしょうか。カエルをいきなり熱いお湯に入れるとびっくりして飛び出しますが、水の中に入れて少しずつ温度を上げていくと、居心地がよくて、水温が上昇していることに気づかないそうです。気づいたときにはすでに……。

人間もぬるま湯に浸かっていると、周りの環境の変化に気づきづらくなります。死ぬことはないものの、成長は見込めません。株式投資でも、ゆるい勝ちが続くと油断してしまい、倍返しどころか10倍返しの大失敗をする危険性が高まります。

株価が平常運転でも観察しましょう。少しの違いにも気づけるようになってください。ゆでガエル状態で慢心しているとチャンスを逃します。暴落の危機も見落とします。

たえず周囲に注意を払ってください。チャンスや変化を見つけるために必要なのは、**現状に満足しない探求心や好奇心**です。

88 脳みそがちぎれるほど考えても、なかなかちぎれはしない

ソフトバンクグループを世界有数の投資会社に育て上げた孫正義氏は、「脳みそがちぎれるほど考えろ」と社員に説いていたそうです。

「ちぎれるほど考えても、なかなかちぎれはしない。本当に心底、ちぎれるほど考えてみよ。そうするとおのずから新しいひらめきなり、問題解決策が出てくるであろう」と。すばらしい教えです。

さすがに脳みそがちぎれたら大変なことになると思いますが、孫さんがいわんとしているのは、それぐらい考えること、〝THINKすること〟を楽しめ、ということだと思います。株式投資は「儲かってうれしい、損してくやしい」という前に、**知的好奇心を満たしてくれる**ものでもあります。しかも何歳になっても定年がない。私はいつでも楽しく、ワクワクした気分で株式投資をしています。

日々変化するローソク足と移動平均線を観察しながら「次の手はこれか。いや、この手もある、別の手もある」というように、**チャートを見ているだけで脳が活性化される**気がします。もしかしたら投資は老化防止にもいいかもしれません。

さまざまな変化に気づき、考え抜いて、最善の一手にたどりつくまでの過程やその一手を見つけることを素直に楽しんでください。その結果を喜べるようになるのが理想です。

そう、当然ですが遊びではないのですから結果も大切。だらだらと小さな損を出しながら、でも楽しいからやめられないというのはダメです。

利益を出しながら、次の一手、そのまた先の一手を考えることが純粋に楽しいと思えるようになれば、年1000万円以上を稼ぐ株職人への道は開けたも同然です。

脳みそがちぎれるほど考えたあとには、必ずなんらかの発見や気づきがあります。好きこそものの上手なれ、といいますが、そうした経験値を積み上げていくことで、株の技術も強靭なものになります。

みなさんもたくさん考えてください。実際に脳みそがちぎれることはありませんから！

日々、脳みそがちぎれるほど考えている相場師朗が保証します。

第6章

相場流 株にも人生にも役立つ掟

89 悩んだら寝る、困ったら寝る

悩んだり困ったりしたら、どうすればいいのか。株でも人生でも、悩みは尽きません。

私はそのようなとき、**「寝てしまう」**ことにしています。

これは、かつて億単位の借金を背負いながら、苦労して完済、国内の太陽光発電事業などで大成功して現在もご活躍の金森重樹さんに教えてもらいました。

彼は東京大学の学生時代に商品先物取引で大きな損失を出し、家に借金の取り立てが来るような苦境に立たされました。連日の取り立てに電気を消して居留守を使う日々。不安で睡眠不足になり、毎日つらかったといいます。

あるとき、ふと、「もうどうにもならないなら、いろいろ思いわずらうのはやめて、思いっきり寝てしまえ」と思ったそうです。

彼は東大に入ったくらいですから、受験勉強時代も入学してからも、勉強のためにろくに寝ていなかったと思われます。そもそも睡眠が足りていなかったのでしょう。

金森さんはすべてのことをなげうって、ひたすら寝続けました。そうしたら「体も頭も驚くほどスッキリ覚醒した」というではありませんか。借金も含め、立ちはだかる難題に対する対応策が、いろいろ頭の中に浮かんできたとのことです。

私は、どちらかというとド根性を地で行くような人生を送ってきました。半ば不眠不休で、トレード技術の鍛錬や億単位の実戦トレードを続けた時期もあります。

しかし、金森さんのこの話を聞き、思い切って睡眠時間を毎日8~9時間とるようにしてみました。

すると、効果てき面です！

身体は軽いし、機嫌はよくなるし、頭の回転も速くなる。

すべてのことに前向きになれ、トレードのアイディアもどんどん浮かんでくる。まさに、いいことずくめです。

「惰眠をむさぼる」とか「睡眠を削ってでも」といった言葉がありますが、そんな言葉は無視しましょう。悩んだら寝る、困ったら寝る。ぜひ、試してみてください。

90 我慢せよ

「我慢せよ」。これは一般的にいわれるような、ただつらいことを、ひたすら耐え忍ぶのとはまったく違います。

最初は希望に満ちて練習に励む。

目標を達成するために努力する。

しかし、なかなか芽が出ない。それでも**「我慢」して、努力を続けてください。そうすれば、目標を達成することができます**。

努力の過程では、現在の目標が果たしていつになったら達成できるのか、あるいは永久に達成できないのか、見当もつきません。

だからこそ人間は不安になり、くじけてしまいます。特に、自分の比較対象となるような人が周りにいると、しょんぼりすることも。友人は目標を達成しつつあるのに、自分はその領域まで達することができない。もういいや。とうとう、あきらめてしまう。もったいないです。そこを我慢して努力を続けてこそ、達成できないように思えた目標にも到達できるものなのです。

世の中を変えるような大発見は、きっと、そうした我慢を重ねて、努力を続けた成果なのだと私は思います。

高度な株のトレード技術獲得のためには**我慢の連続**だ、と覚悟しましょう。

91 Two little mice.

「Two little mice fell in a bucket of cream. The first mouse quickly gave up and drowned. The second mouse wouldn't quit. He struggled so hard that eventually he churned that cream into butter and crawled out.」

これは2002年に公開されたレオナルド・デカプリオ氏主演の映画『Catch me if

you can』（「できるものなら僕を捕まえて」という意味）の中のセリフです。

わかりやすい日本語にすると、

「2匹のネズミがクリームの入ったバケツの中に落ちてしまいました。

1匹目のネズミは早々とあきらめて溺れて死んでしまいました。

2匹目のネズミはあきらめませんでした。彼は猛烈にもがきました。

そして、やがて彼はそのクリームをバターに変えてしまい、
バケツから脱出することができたのです」

という意味になります。

主人公の父親がニューヨークで長く商売を続けて、やっと地元のロータリークラブの会員に推薦された、その入会式典でのスピーチです。

私はこの話が好きで、毎年、自分の会社や「株塾」の新年会の冒頭で披露しています。

私もこの**2匹目のネズミのように、猛烈にもがいてクリームをバターに変え、危機を跳ね返したい**といつも思っています。

私の「株塾」の弟子たちにもそうあってほしいと望むからです。

92 寧静致遠――急ぐな

これは『三国志』で有名な諸葛孔明が54歳のとき、8歳の息子へ送った手紙「誡子書《かいししょ》」に書かれた言葉です。

実際にはもっと奥深くて高度な解釈があると思いますが、ここで「**寧静致遠**《ねいせいちえん》」とは「**安らかな心で地道な努力を重ねることで、偉大なことを成し遂げることができる**」という意味だと仮に訳しておきます。

トレードの技術を修得するときも、この言葉を胸に刻みながら、雨の日も風の日も研鑽《けんさん》していただきたいと思います。

早く安定的に利益を得られるようになりたいのは誰でも同じ。先を急ぐあまり、気持ちだけ前へ前へと進んでしまいがちです。

そうなると、値動きの理解が不十分だったり、技術が十分身についていなかったりするのに、お金を入れて実戦を開始してしまうことになりかねません。

はやる気持ちを抑えてください。心を落ち着け、地に足をつけて、ひたすら地道にチャートトリーディングを続けるべきです。

私の弟子の中でも、そのような**コツコツ型の人のほうが最終的にはトレード技術が向上して、大金を稼げる**ようになっています。

ある程度、実力を身につけたら、ライフワークとしてさらに高みを目指すのもいいでしょう。株で年1000万円を稼げるようになったら、次は年3000万円、その次は5000万円というように。

何十年も株式投資をしている私ですら、これまで気づかなかったような発見をするときがあります。常に新人の気持ちを忘れず、経験を積み重ねてください。

ところで相場師朗は、長年、武道を趣味にして「寧静致遠」の教えに従って修行してきました。今まで武道がお金になったことはありません。

しかし、株式投資という〝趣味〟にはものすごくうれしい特典がついています。トレードという趣味は楽しめるだけでなく、**お金まで生み出してくれる**のです！

93 毎月1日が元日である

株式投資をはじめ、何か物事を究めるためには、たくさん勉強することがあります。あれもこれも覚えなければなりません。

「これではいつまで経っても終わらないではないか」という焦りも生まれるでしょう。そんな焦りのせいで、単に上っ面だけの勉強をして、やった気になる人も多くいます。「よし、もう十分」と行動に移して失敗してしまうことも〝あるある〟です。

やることはたくさんあるし、たくさんやったつもり。しかし、やったことに中身がなければなんの意味もありません。

もう十分ではなく、「よし！　**一つ一つ丁寧に深くやってやろう！**」という気持ちが何よりも大切です。丁寧に一つ一つをマスターして、経験を積み重ねましょう。最初は遅々として前に進めませんが、次第にスピードが増し、中盤以降の覚え方は速くなっていきます。**理解が加速度的に進む**のです。

人間は1年を過ごし、新たな年の1月を迎えると、「今年はこんなことに挑戦してみよう」「あんなことをやってみよう」と、大なり小なり志を抱くものです。

しかし2月も中旬頃になると、その決意など忘れてしまい、いつもと同じ行動になっていることが多いのではないでしょうか。

株でも、マンネリな現状に飽き飽きして、もっと簡単にラクして利益が得られる方法はないかと思い始める人のなんと多いことか。その意味で、今、本書を読んでいるあなたは、今年こそ腰を落ち着けて、丁寧に深く勉強していただきたいものです。

そのために、どうするか。たとえば、「毎月1日は元日」と自分の中で勝手に決めて、**月が変わったら初詣に行く**のはどうでしょう。

神社の境内で初心に返って、新たな気分でもう1度、大志を抱きましょう。「これだ」と決めた目標に立ち向かう気持ちをリフレッシュしましょう。

毎月1日が元日だと思えば、年に12回も元日がやってきます。それぞれ1カ月ぐらいは「よし、一つ一つを丁寧にやろう!」という初志を貫徹できるはずです。

94 人間は自らの一念が後退するとき、前に立ちはだかる障害物がものすごく大きく見える

「パナソニックの創業者、松下幸之助さんの言葉です。「決意や信念、意志をしっかり持って目標に向かうべき。**決意がしっかりしていないと、立ち向かう障害も大きくて、より困難なものに見えてしまいがち**」ということです。ものすごく納得する言葉ですし、私自身も肝に銘じている言葉です。

大学を卒業して新卒で入った会社で、私は仲間たちといくつかの市民マラソン大会に出たことがあります。もともとマラソンが得意だったわけではないのですが……。

距離は21・0975kmのハーフマラソンだったり、42・195kmのフルマラソンだったりしました。どちらのマラソンでも、ゴールまであと5kmといったところで非常に苦しくなってきます。5kmといえば、普通の人にとってみたら、それだけでも走るには長い距離です。不動産屋で徒歩1分＝80ｍという基準が使われていますから、5kmを歩くとざっく

り1時間。ちょっとイメージが湧いたでしょうか。

16㎞や37㎞を走ったあとに、あらためて残りの5㎞をこれから走るわけです。すでに疲労困憊。そんなとき、**「あと5㎞だ！」と強く思える**のと、**「まだ5㎞もあるのか」と弱々しく思う**のとでは、完走に向けたモチベーションは天と地ほど変わります。

ある大会で「まだ5㎞あるのか」と思ってしまった私は、37㎞地点で体の力がどんどん抜けていき、最終的に残りの距離を走れなくなってしまいました。

長く続けてきた空手の稽古でも、今、集中している合気道の稽古でも、苦しい稽古をしているときは強い気持ちでいないと体も精神も持ちません。

日々のトレード技術の開発においても、なかなか進まないときがあります。それでも、**前進する強い気持ち**を持ち続けることが大切だと考えています。

そうしないと、目指していることが猛烈に大きい壁や障害に見えてきて、達成不可能に思えてしまうからです。

本当にあのとき、強い気持ちで物事を成し遂げられてよかった、と思えることはこれまでの人生で何度もありました。きっと、あなたにもあるはずです。

95 執念を持って「朝立ち」

ある番組で知ってびっくりしました。

２０１１年９月から２０１２年12月まで旧民主党政権下で第95代内閣総理大臣を務めた**野田佳彦元首相は、毎朝６時から千葉県の選挙区内の津田沼や船橋といった駅前でビラ配りをし、駅頭演説をしている**そうです。

しかも、それをもう**37年間も続け、今も行っている**というではありませんか。

厳密には、１９８６年10月から２０１０年６月に財務大臣に就任する前日までの24年間と首相退任後の２０１２年12月から現在まで、とのことです。みっちり37年間ではないとしても、これは驚異的です！

のべ37年間です。毎朝６時です。飲み会もあるでしょう。風邪をひくこともあるでしょう。コロナもありました。それでもほぼ休まず、今でも続けておられるということです。

尊敬の気持ちがこみ上げて、止まりません。

野田氏が駅頭演説を始めたきっかけは、松下政経塾での師・松下幸之助さんの言葉だったとのことです。

「人脈もない、お金もない、私には何もありません。そんな状態で政治家になるにはどうすればいいでしょう?」という野田氏の問いに、幸之助翁はこう答えられたそうです。

「私だったら人通りの多いところで大道芸をする」

野田氏はこのアドバイスを受け、「**朝立ち**」と称して、毎朝6時から8時30分まで、のべ37年間も千葉県内の駅頭でご自身の「かわら版」を配布しているというのです。朝立ちを毎朝37年間とは、なんと男らしいことか!

私のような凡人から見れば、これはまさに**執念と呼ぶのにふさわしい行動**だと思います。頭が下がります。

この朝立ちのことを知り、私はそれまでやったり、やらなかったりしていたビル9階にあるオフィスへの階段のぼりを再開しました。

出勤したとき。昼食をとるために外出し、戻ってきたとき。前日に合気道や空手の稽古があって、とても疲れているとき。少々飲みすぎた翌日。どんなことがあっても、今でも階段を一段一段、のぼっています。

ビルのロビーのエレベーター前を通り過ぎ、階段に向かうのが日課になりました。ときどき「今日はつらいな」と思うときもあります。

しかし、そんなときは野田元首相のことを思い出すことにしています。毎日の階段のぼりの成果か、最近、合気道や空手の技に切れが出てきたように思います。

何事も執念が大切。**執念を持って物事に取り組めば、おのずと道はひらけてくる**のです。なにより**自分の心が快適で体が健康**になります！

96 憧れのロールモデルを見つけるべし

その昔、私の畏友にYさんという人がいました。もう40年近く前の話です。彼は私とほとんど同年代にもかかわらず、ものすごい大金持ちでした。

立派な一戸建ての自宅にベンツやフェラーリ、ジャガーなどいくつもの高級車を保有していて、常に颯爽としていました。

Yさんは、大学卒業後に就職したものの、早々と独立を果たし、短期間のうちに事業で大成功を収めていたのです。

私は彼と、ときどき飲みにいく間柄でしたが、私はいつも彼を羨ましがっていました。そして「**自分も、彼ほどにはなれないにしても、今よりもっと成功したいな**」と思っていました。同年代なのに雲の上の存在でしたから。

仕事上ではどうかはわかりませんが、彼はいつも私と会うとき、謙虚で親切に接してくれました。やさしかったです。

彼が私に紹介してくれる友人たちも、その多くは彼と同じような成功者で、彼と同じように謙虚で親切そうでした。

彼らを見ていると「**自分はなんて運が悪いんだ！　どうして成功しないんだ！**」と思ってしまうこともありました。

あれから約40年。Yさんも努力を続けてきたと思いますが、私も自分なりに頑張ってきましたし、少しの運にも恵まれました。長い年月の間に、私もなんとか彼に近づき、並び、追い越して、今はだいぶ彼に差をつけたように思います。

あれだけ高い、雲の上の存在だったYさんに追いつけるなんて。当時は考えもしませんでした。本当に、あの頃は一種の絶望感すらあったのです。

さて、私が主宰する「株塾」に新しく入塾してきた方々に「どのくらいで、Aさんのようになれますか？」とよく聞かれます。

Aさんは「株塾」の中でもそれなりに優秀な投資実績を上げていて、人柄もよく、塾生の間でも人気の高い私の愛弟子です。

私から見て、新規に入塾されたその方が、いつAさんのようになれるかはわかりません。ただ**努力を続けていけば、可能性はある**はずです。

私から見ると、名前がよく挙がるAさんもまだ中級の上あたりのレベルです。だから、かなりの確率でAさんのようにはなれると思うのです。

まだ入塾したばかりの塾生で〝よちよち歩き〟の方から、「私はもうこれ以上、うまくなれないのではないかと思っているんですが……」といった相談も受けます。

今は〝よちよち歩き〞でも、勉強や研究を続けていくと、急に先が開けてきたり、今までわからなかったことがぱっと雲が晴れたようにわかってきたりするタイミングがくるはずです。悩むより練習したほうが前に進めます。

練習を続けると、自分の技術がランクアップしたことを自分自身で実感できるので、**さらに高いところを目指して頑張れる**はずです。

その境地まで何かをやり続けることのできた人は、「あとは努力次第だ」ということがわかります。頑張り方や努力の仕方についてもすでにわかっているので、さらに進歩するという好循環に入っていくものなのです。

効率のいい頑張り方や無駄を省いた努力の仕方を身につけるためには、まず、自分よりも実力がかなり上の人を目指し、そこにたどりつくため必死で頑張ることが近道なのではないかと思います。

私にとってのロールモデルはYさんでした。

みなさんも、自分の中で憧れのロールモデルを見つけて、まずはそこまで「追いつけ、追い越せ」を目指して頑張ってみるのはいかがでしょうか。

97 先送りしてみる

勉強や研究、練習などをしていると〝**煮詰まってくる**〟ことがよくあります。本書を執筆しているときも、そういうことが何度かありました。

そんなとき、ド根性で今やっていることを無理やり続けるよりも、**いっそのこと休憩してしまうか、別なことに取りかかってしまうほうが効率が上がる**ことを何度も経験しています。夜遅ければ、寝てしまうのが一番です。

昔、テレビのドキュメンタリー番組で希代の天才画家・岡本太郎さんの日常生活を垣間見たことがあります。詳細は忘れてしまいましたが、たとえば、1階には描きかけの油絵が置いてあり、岡本さんはそこに30分ほど〝滞在〟します。

集中力が途切れたり、飽きてきたりすると、今度は未完成のデッサンが置いてある2階に上がります。そこでしばらく作業をすると、今度は別の部屋に移り、また別の仕事に取りかかります。

そして、昼寝です。起きるとまた、各部屋を回り、小刻みに仕事を続けます。あの「芸術は爆発だ！」で有名な岡本太郎さんは、髪を振り乱して仕事部屋に閉じこもっているのかと勝手に想像していました。その想像とは全然違う日常に、驚きました。

この番組を観たのはおそらく50年近く前だったと思いますが、非常に印象に残り、ずっと頭の中に引っかかっていました。今でも覚えているくらいですから、当時の自分にしてみれば相当の衝撃だったのでしょう。

そして、サラリーマンを辞めたあと、私もこの〝ちょこっとずつ仕事〟のスタイルを試してみました。すると、やらなければならないこと、やりたいことが山ほどあるときは、この岡本太郎流は〝非常にいい〟ということがわかりました。

この掟のタイトルは「先送りしてみる」ですが「**刻んでみる**」という言い方もできるかなと思います。**高い集中力が続く時間だけ、その仕事をする。集中力が途切れてきたら、いったん、その仕事を終わりにする。そして次の新鮮な仕事に再び集中**する。これを繰り返していくわけです。

ここであえて「先送りしてみる」というタイトルにしたのは、今お話ししたことのほかに、先送りすること、今は完結しないことで、その後に浮かんでくる**新たな発想も取り込む余地**を確保しておきたい気持ちを込めたかったからです。

トレードの勉強でも、それ以外の勉強でも、ある内容の理解でパタリと行き詰まってしまうことはよくあります。

そんなとき、株の勉強ならまったく別の売買シグナルやジャンルをテーマにして新たに学んでみるのもいいと思います。

そして、先送りにしたテーマは、しばらくあとになってから手をつけてみるわけです。時間を置くことで、「以前はあんなに行き詰まっていたのに、不思議なぐらいすんなり理解できる」ということがあります。理解が進まない原因となるストッパーのようなものがあり、ほかのことを学ぶことでいつの間にかそのストッパーをクリアしているのかもしれません。

もし、先送りにして戻ってきて、やっぱり行き詰まったら、また先送りにすればいいと思います。いつか、すべてを理解すればいいわけですから。回り道、大賛成です。

98 感想戦に励み、瞑想せよ

囲碁や将棋の世界に「**感想戦**」というものがあることをご存じでしょうか。対局が終わったあと、再度、同じ相手と本番の対局を振り返り、お互いの一手一手について「これはこんな理由でこうしました」とか、「あの一手には困りました」など、いろいろと話し合うのが感想戦です。

感想戦はお互いがさらに技量を高めるために行われるものですが、株のトレードでも感想戦をすればいいと思います。多くの方はしていないでしょう。

相場流を学べば、負けトレードの原因をある程度特定できますから、「株塾」の塾生には**過去のトレードを徹底的に分析して、次に生かす**ように強くすすめています。

自分の**負けトレードを分析すると、特定のクセがある**のがよくわかります。

たとえば、カラ売りをしたものの負けたとしましょう。そこで過去10回の負けを分析してみたら、「どのトレードもカラ売り注文を入れるタイミングが早すぎ」ということがわかった、という具合です。

以前、新しく入塾した方の過去の売買記録の詳細を見せてもらったことがあるのですが、相場流でいう「逆ＰＰＰ」の場面で、完璧な下落トレンドに逆らって、株価が少し上がったところでいつも買いを入れておられました。これでは、うまくいくはずがありません。

株式投資は自分で考えて、自分の責任で行うものですが、**チャンスがあれば客観的な目で人から見てもらうことも大切**だと思います。

さて、株式投資における感想戦の重要性についてはご理解いただけたと思いますが、それ以上に「日々の生活の感想戦」も有益です。

私は**毎晩寝る前に、必ず瞑想**することにしています。まず、その日の朝、起きてから、瞑想に入る前までのことをすべて思い出します。そして自分の行動を評価し、反省すべきところがあれば反省し、明日に生かします。

私は一日のほとんどの時間をトレードの研究と実際のトレード、そして、その成果を塾生に伝えるために使うことが多いです。塾生の技術力向上につながる資料を作れそうなときは、率先して作ります。

そのため、瞑想タイムは株のトレードの感想戦だけで済みそうなものですが、人の生活というものは複雑で、なかなかそうもいきません。家族とのやりとりも含め、あれこれ反省することがあるものです。

実は**翌朝、起床したときも瞑想**をしています。昨晩、反省したことを思い出して、新たな一日を始めます。やってみるとわかるのですが、瞑想すると、やり残していたことを思い出したり、新たなアイディアが浮かんだりすることが多いのです。

トレード関連以外の仕事がある日は、また瞑想の内容も変わります。講演の打ち合わせや原稿の執筆、社内の打ち合わせで埋め尽くされている日もあります。夜は各界の方々との会食がスケジューリングされています。海外への出張も月に1回はあります。あらら、株のトレードの感想戦だけでは済まないですね。

忙しさが増すと、日々の生活が浮足立ってしまいがちです。地に足をつけて生きていきたい。舞い上がらないようにしたい。そこで、**毎晩、毎朝の瞑想で自分自身の本来の姿を取り戻す**ことを日課にしているわけです。

99 川を上れ、海を渡れ

この言葉は「株塾」の新年会にご出席いただいた経済学者の竹中平蔵先生のスピーチで初めて知りました。

「歴史を知ること、海外を意識することは、今という時代を正しく認識し、未来を考えるうえで欠かせない作業です。歴史は今につながっており、歴史を知ることで、今起きていることの意味や要因が理解できるからです。また海外に視野を広げることで、違った角度から物事を見ることができ、井の中の蛙のように狭くて古い常識にとらわれることなく、誤った考えから抜け出すことができるからです」（竹中平蔵先生のスピーチより）

とても心に響く言葉です。歴史は形を変えて同じようなことを繰り返す、その中から学び、今後を予測する（川を上る）。新たな境地に身を置いて、あるいは自分の守備範囲外のことにも目を向けることで新たな発見が生じ、大きな気づきを得る（海を渡る）。ワクワクしてきます。

トレードを究めるうえでも、**「川を上れ、海を渡れ」の実践**は効果を発揮します。

株価の形成は売る側と買う側の綱引きの中で行われるわけですから、ある社会経済環境のもとでは似たような値動きをすることがたびたびあります。

過去の値動きを研究し、現在の値動きがこうだから、このまま推移するとこの先、このような値動きになってくる——というふうに考える。すなわち、「川を上る」わけです。

私は今でも、自分が採用している手法が「完成形」だとはまったく考えていません。まだ深く掘り下げて考えたいことや研究してみたい分野があります。その際、国内外を問わず、**自分とは違った考え方、違った手法**を勉強することで、今の自分の手法をさらに高めるヒントが得られるだろうと確信しています。

時間があれば、本当にこれらの勉強がしてみたいと心底、思います。まさにこれを実践することが「海を渡る」ことではないでしょうか。

私は本業以外にプロテニス選手のスポンサーや国際大会のメインスポンサーをしています。そのため、頻繁に外国人とメールや電話でのやりとりを行っています。海外出張がほぼ毎月になるのは、そんな事情からです。海外でも刺激を受け、新たな発想を吸収できています。この経験が今の自分、これからの自分を成長させてくれるように感じます。今の時代に生まれて海外をほとんど経験しないというのはもったいない。読者のみなさんもぜひ**〝未体験ゾーン〟に入っていってみる**ことを強くおすすめします。

100 まず向かえ（やりたいことがいっぱい、しかし…）

昔はメモ帳や付箋にいろいろなことを書き込んでいましたが、今は便利なものがあります。**携帯電話のメモやパソコン内部に保存できる付箋**、いわば「デジタルメモ」です。

トレードの研究をするとき、このような値動きのあとはこうなるだろうと考え、何百銘柄ものチャートを過去、何十年分もあたって検証をしていきます。掟99で紹介した「川を上る」過程ですが、これもメモに残します。

川を上っている途中に発見した技が使えそうだとなると、さらにブラッシュアップしていきます。単純な技だけでは効果が低いので、複数の技を組み合わせて考え、実際のエントリーやエグジットポイントについても、過去の例を参考に練り上げます。いい組み合わせが見つかったら、またメモします。

よりよいもの、「株塾」の塾生が実戦で有効活用できそうなものを真剣に考えているので、たくさんのアイディアメモがたまっていきます。

以前は、オフィスや自宅の机や壁に大量の紙の付箋が貼られ、手つかずのまま色あせ、丸まってしまったメモもたくさんありました。とにかく、やりたいこと、やらなければならないことが多すぎて、付箋やメモの形で**日々大量にたまっていく**のです。

私は連載も含めて常に4～5カ所の原稿を抱えているので、そのためのネタもどんどんたまっていきます。

すべてのアイディアやネタのメモは「これは有効だ」と思えるもので、内容もよく、実行に移す価値があると自分には思えるものばかり。でも、それをどう形にしていくか。形にする時間がない。忙しい、忙しい。そしてメモはたまっていく――。

そうこうしているうちに時間だけが過ぎていくこともあります。はっと気づけばたちまち1カ月の半分くらいが過ぎてしまいます。

忙しさのあまり「メモ」の状態で後回しにしたものがたまってしまう、私のような人はいらっしゃいませんか？　メモに残したアイディアが実現しないのは、さらに深く考えなければ前に進めないものばかりということもあり、「実際に取りかかって行動に移す時間がない」と、心が「ストップ」の指示を出してしまうせいかもしれません。

あるとき、たくさんのメモがたまって、いつものように悶々としていました。そのとき、昔、よく通った超繁盛居酒屋のカウンターで、厨房の中をたった3人で回している大忙しの料理人の方たちを見ていたときのことが、ふと頭に浮かびました。私の斜め前に、次から次へと入ってくる大量のオーダーの付箋がたまっていきます。

当時、ビールを飲みながら見ていた厨房の風景で、今さら思い出したことがありました。彼らは**ひたすら順番に、時には効率を考えながら、テキパキと仕事**をこなしていました。どんなに大量でも、とにかく入ってきたオーダーを一つ一つ丁寧にこなすしかないのです。何も動かなければ、オーダー（メモ）はたまっていくばかり。まずは向かうしかありません。私も忙しさを言い訳にせず、一つ一つ丁寧に形にしていきたいと思います。

おわりに

貯蓄から投資へ。政府は今、本腰を上げて、この国策に取り組んでいるようです。

２０２４年からは新しいＮＩＳＡが始まります。「成長投資枠」では毎年２４０万円、最大１２００万円まで、利益や配当に対して非課税での個別株投資が可能になります。

しかし、「プロにおまかせの投資信託への長期投資なら絶対に儲かる」「米国は世界最強だから米国株価指数Ｓ＆Ｐ５００なら定期預金より確実」といった、飛ばし気味のＳＮＳの書き込みを見ると、私は思ってしまいます。

「せめて値動きぐらいは自分の目でしっかり見てください」と。

課税されようが非課税だろうが、株式投資で儲けるためには値動きのことを学ぶ必要があります。なぜなら、どうして儲かったのか、どうして損したのか、自分自身でもわからなくなるからです。

まずは、ローソク足様に話を聞きましょう。

次に移動平均線様のごきげんをうかがいましょう。

過去の高値様や安値様にもちょっとは気を使いましょう。

大切なお金を投じる株様のことをもっと深く、とことん学びましょう。

相場流トレードは投資信託の積み立てのように10年、20年という投資期間ではありませんが、新しいNISAの成長投資枠を使っての株式投資は十分に可能です。NISAのような「買いだけ」しかできない投資の場合、2~3年の期間を見据えての月足チャートも駆使すれば、おのずと相場流の攻略法が見えてきます。

月足チャート上でここ1~2年ほど上昇トレンドが継続している銘柄。ちょうど下げ相場で大底を打ち、月足の短期線と中期線で下半身シグナルが点灯したばかりの銘柄。上場以来、ほぼずっと右肩上がりが続いているものの、ここ数カ月は長期線にタッチしながら反発している銘柄など。

まずは日経平均株価やJPX400採用銘柄の、ここ数年の月足チャートをぱらぱらとめくってみましょう。

●最近、月足チャート上で大陽線をつけて上がり始めた株を狙う
●月足で見ても史上最高値を越えたばかりの銘柄がないか探す
●得意な銘柄の値動きをじっくり観察して下がったところを買う
●株価が2倍以上になったら非課税で利益確定する
●その株の上昇トレンドが終わったら特定口座でカラ売り

このような手順を踏めば、新NISAをうまく使いながら、相場流の100の掟を存分に使いこなすことができます。

毎年240万円の非課税投資をして、1年で20%ずつ複利で資産を増やせれば、たった4年で資産倍増に成功します。倍になった資産の半分はまたNISA口座で投資。もう半分は特定口座の信用取引を使った、相場流トレードの信用買いやカラ売りを駆使して、さらに大きく増やしてください。

非課税という売り文句につられて投資を始めても、ずっと損ばかりしていたらなんの意味もありません。特にNISA口座では、損失に対するサポートがないので〝使い損〟です。NISA口座でも特定口座でも、結局、頼りになるのはあなた自身の〝技〟です。

ただし、株式投資の喜びはそれだけではありません。私は今でも、朝、目覚めるたびにこう思います。

「今日も全精力を費やして株価の値動きを追いかけよう」

「明日は、3万年分見つめた、あのローソク足のことをもう1度見つめ直そう」

「明後日は海外に出張なので、飛行機の中で株の値動きについて考え直そう」

「その次の日は家庭サービスに励もう」

株と出会ったおかげで、私は今も忙しく働き、さまざまな人と出会え、そして、いつも笑って、地球に感謝していられる。

ひたすら株の値動きを見つめ、追いかけ、時に恋焦がれ、探究し続けてきましたが、やはり「この世に株式投資ほどおもしろいものはない」と思います。

株は、元気や長寿や夫婦円満に最高の効力を発揮する知的ゲームです。記憶力や好奇心、他人への思いやりや周囲への感謝を忘れさせない心の友でもあります。

株式投資に幸あれ！

相場師朗

アクセス

2 相場師朗の無料講義アリ「株塾公式チャンネル Aiba TV」

スマホのカメラで読み取ってアクセス

https://www.youtube.com/@AibaTV-

スマホのLINEか
好きなメールアドレスに
「明日から使える
トレード情報」が！

LINE ID

@iwd9509u

スマホのカメラで読み取ってアクセス

相場流チャートの掟100

2023年7月11日　第1刷発行
2024年5月21日　第2刷発行

著者　相場師朗
発行人　関川 誠
発行所　株式会社宝島社
〒102-8388　東京都千代田区一番町25番地
［営業］03-3234-4621　［編集］03-3239-0646
https://tkj.jp
印刷・製本　中央精版印刷株式会社

ISBN978-4-299-03929-3

Chart Rule 100